経営者保証
ガイドライン
実践活用
Q&A

担保・保証に依存しない
融資はこう進める

弁護士　　　　　　弁護士
小田大輔／**山崎良太** 編著

銀行研修社

はしがき

　「経営者保証に関するガイドライン」の適用が開始されて4年あまり経過したが、「新規融資に占める経営者保証に依存しない融資の割合」は16.3％（2017年度）というのが実態である。こうした状況を受け、金融庁は継続的に関連Q＆Aや参考事例集の拡充などを通じて、当ガイドラインの積極的な活用、融資慣行としての浸透・定着を各金融機関に要請している。一方、金融機関側も「金融仲介機能のベンチマーク」として、当ガイドラインの活用先数等を公表するケースも多く、現場の融資担当者にとっては、ガイドラインの適用に向けた実務知識の習得は必要不可欠となったといえよう。さらに、経営者保証に依存しないということは、融資先の事業性を的確に把握するということでもあるため、まさに時代が要請する「事業性評価融資」の実務であるとも言えるだろう。

　本書は、2014年3月に刊行した「経営者保証ガイドラインと融資実務Q&A」の実質的な改訂版である。同書は、ガイドラインの適用開始直後に刊行、ガイドラインの規定を実務の観点からQ＆A形式で解説したものだったが、本書はガイドライン適用開始後の実務の蓄積および金融庁Q＆Aや参考事例集の改訂を踏まえ、前著の記述内容を全面的に見直し、解説の補完を行ったほか、「事例」ベースの解説を行う章を新設し、タイトルも改め装いも新たに刊行するものである。前著同様、読者諸賢の日常業務に役立つこと、また、ガイドラインの適切な運用を通じて中小企業金融がより円滑化することを期待する。

　2018年6月

編著者　小田 大輔／山崎 良太

目　次

第1章　経営者保証ガイドラインとは

Q1　経営者保証はどうなる？〜ガイドラインの策定経緯と概要〜　………　8

Q2　ガイドラインに法的拘束力はあるのか？　………………………………　11

Q3　企業と経営者の一体性に合理性や必要性があれば経営者保証を徴求する
ことは可能か？　………………………………………………………………　12

Q4　ガイドラインの適用対象となる保証契約の要件とは？　………………　14

Q5　経営者以外との保証契約でもガイドラインが適用される場合とは？　………　16

Q6　いわゆる第三者保証にこのガイドラインは適用されるのか？　………………　17

第2章　経営者保証に依存しないための実務

Q7　債務者が経営者保証の提供なしに融資を希望する場合、どのような経営状
況であることが求められるか？　………………………………………………　22

Q8　法人の事業内容や成長可能性などを踏まえて、経営者保証の要否を判断す
る際の留意点は？　……………………………………………………………　24

Q9　法人と経営者との関係の明確な区分・分離のための具体的方法とは？　……　26

Q10　外部専門家による、主たる債務者における体制整備・運用の状況について
の検証とその結果の開示とは？　………………………………………………　28

Q11　経営の透明性確保のために必要な情報開示の方法とは？　…………………　30

Q12　事業計画・業績見通し等に変動が生じた場合、主たる債務者は何を行うべ
きか？　…………………………………………………………………………　32

Q13　ガイドラインを踏まえると、金融機関等は経営者保証を求めないようにすべ
きなのか？　……………………………………………………………………　34

Q14　経営者保証のない融資の要請がなければ、経営者保証を求めない可能性等
を検討しなくてもよいのか？　………………………………………………　36

Q15　金融機関等は、どのような要件を満たしている場合に経営者保証徴求の要
否を検討すべきか？　…………………………………………………………　39

Q16　経営者保証の機能を代替する融資手法である「停止条件または解除条件付
保証契約」のメリット・デメリットは何か？　………………………………　42

2

Q17 停止条件付保証契約のコベナンツとしては、具体的にどのような内容が考え
られるか？ ……………………………………………………………………… 44

Q18 経営者保証の機能を代替する融資手法であるABLのメリット・デメリット
とは何か？ ……………………………………………………………………… 51

Q19 ABLの取組み上の留意点としてはどのようなものがあるか？ ………… 53

Q20 経営者保証の機能を代替する融資手法として、「金利の一定の上乗せ」を
する場合とはどのような場合か？ ………………………………………… 55

Q21 経営者保証の機能を代替するその他の融資手法としては、どのような方法
が考えられるか？ …………………………………………………………… 57

第3章 経営者保証を徴求する際の実務対応

Q22 主たる債務者が経営者保証以外の融資手法によることを希望しない場合、
金融機関等は経営者保証を徴求しても問題ないか？ ………………… 60

Q23 経営者保証の徴求が許容される「経営者保証を求めることが止むを得ない
と判断された場合」とはどのような場合か？ ………………………… 62

Q24 経営者保証の徴求が許容される「中小企業における法人個人の一体性に一
定の合理性や必要性が認められる場合」とはどのような場合か？ ………… 64

Q25 経営者と保証契約を締結する際、金融機関等は主債務者や保証人に対して、
どのような事項について説明を行うことが求められ、どのような体制整備が
求められるか？ ……………………………………………………………… 66

Q26 「保証契約の必要性」及び「保証契約の変更・解除等の見直しの可能性」
について、どのような説明をすればよいか？ ………………………… 68

Q27 「保証履行時の履行請求の範囲」について、どのような説明をすればよいか？
…………………………………………………………………………………… 70

Q28 保証金額の設定は、どのような考え方に基づき行えばよいか？ ………… 72

Q29 適切な保証金額を設定する観点から、保証契約には何を規定することが必
要か？ ………………………………………………………………………… 74

Q30 保証人の資産状況の表明保証と適正性の確認とは？ ………………… 77

Q31 「保証債務の額が復活する」のは、どのような場合か？ ………………… 79

Q32 経営者たる保証人に対して保証債務全額の履行請求はできないのか？ …… 81

第4章　経営者保証契約の見直し

Q33　債務者が既存保証契約の見直しを申し入れる場合、どのような経営状況で
　　あることが求められるか？ ………………………………………………… 84

Q34　債務者から既存保証契約の見直しの申入れがあった場合、金融機関等には
　　どのような対応が求められるか？ ………………………………………… 86

Q35　主債務者に事業承継が生じた場合、保証契約の承継に関して金融機関等に
　　求められる対応は？ ………………………………………………………… 88

Q36　事業承継を機に後継者から経営者保証を徴求しないこととする場合の対応は？
　　……………………………………………………………………………… 90

Q37　後継者と新たに保証契約を締結する場合、金融機関等はどのような点に留
　　意すべきか？ ………………………………………………………………… 92

Q38　前経営者から自身の保証契約の解除要請があった場合の判断方法は？ …… 94

第5章　経営者保証債務の履行請求とガイドライン

Q39　ガイドラインにより保証債務履行請求はどう変わるのか？ ……………… 98

Q40　ガイドライン適用開始前に履行された保証債務の取扱いは？ …………… 100

Q41　ガイドラインに基づく保証債務の整理手続の概要は？ …………………… 101

Q42　保証人がガイドラインに基づき保証債務整理を申し出るための要件は？ … 103

Q43　経営者以外の第三者保証人について、ガイドラインに則して破産手続にお
　　ける自由財産以外の一定の資産を手元に残すことは可能か？ …………… 105

Q44　準則型私的整理手続とは何か？ …………………………………………… 107

Q45　主債務と保証債務の一体整理は、どのような流れで行われるか？ ……… 109

Q46　保証債務のみを整理する場合、どのような方式で行われるか？ ………… 111

Q47　ガイドラインに基づく保証債務整理の要請を謝絶できる合理的理由とは？ … 113

Q48　保証債務に関する一時停止や返済猶予の要請とは何か？ ………………… 114

Q49　保証債務に関する一時停止・返済猶予の要請があった場合、金融機関等は
　　どのように対応するべきか？ ……………………………………………… 116

Q50　ガイドラインに基づく保証債務の整理を行う場合、経営者責任のあり方は？
　　……………………………………………………………………………… 118

Q51　保証人の手元に残すことのできる残存資産の考え方は？ ………………… 120

4

Q52 残存資産の範囲決定に際して求められる表明保証及び適正性の確認とは？ … 122

Q53 保証人が表明保証を行った資力の状況が事実と異なることが判明した場合
どうなるか？ …………………………………………………………………124

Q54 残存資産の範囲を決定するために、どのような事項を勘案する必要があるか？
………………………………………………………………………………… 126

Q55 残存資産の範囲決定に際しての経済合理性の判断方法は？ ………………128

Q56 残存資産の価額はどのように評価するか？ …………………………………130

Q57 破産手続による場合よりも保証人の資産の売却額が増加すると見込まれる
場合、回収見込額の増加額はどのように考慮するか？ …………………132

Q58 保証人の残存資産として認められる範囲は？ ………………………………134

Q59 自宅の取扱いはどのようにすべきか？ ………………………………………136

Q60 金融資産の取扱いはどのようにすべきか？ …………………………………138

Q61 売却困難な不動産の取扱いはどのようにすべきか？ ………………………140

Q62 債務者の事業継続に不可欠な資産を保証人が所有している場合、どのよう
に対応すべきか？ ……………………………………………………………141

Q63 ガイドラインに基づく保証債務の弁済計画とは？ …………………………143

Q64 保証人を主債務者とする借入の債権者は対象債権者に含まれるか？ ………145

Q65 保証債務の弁済計画にはどのような事項を記載すべきか？ ………………147

Q66 保証債務を減免する際の弁済及び減免の実施方法は？ ……………………149

Q67 任意の私的整理による第2会社方式を実行した後、保証債務の整理はどの
ように行うのか？ ……………………………………………………………151

Q68 中小企業再生支援協議会を活用した保証債務の整理はどのように行うのか？ … 153

Q69 特定調停を活用した保証債務の整理はどのように行うのか？ ……………154

Q70 地域経済活性化支援機構を活用した保証債務の整理はどのように行うのか？
………………………………………………………………………………… 155

Q71 事業再生ADRを活用した保証債務の整理はどのように行うのか？………157

Q72 主債務者が複数の場合、ガイドラインの適用についてどのような影響が生
じるか？ ………………………………………………………………………159

Q73 ガイドラインに基づく保証債務の整理における債務免除益と寄付金課税の
取扱いは？ ……………………………………………………………………160

Q74 支援専門家は、ガイドラインの手続においてどのような役割を担っているか？ …………………… 161

Q75 保証債務の免除要請に対応する必要がある場合は？ ………… 163

Q76 保証債務の免除要請に対する合理的な不同意事由とは？ ………… 165

Q77 粉飾決算があった場合、合理的な不同意事由に該当するか？ ………… 167

Q78 ガイドラインに基づく保証債務弁済計画の進捗が思わしくない場合、どのように対応すべきか？ ………… 168

第6章　経営者保証ガイドライン適用事例における実務

Q79 ガイドラインの要件が充足されているため経営者保証を求めなかった事例としてどのようなものがあるか？ ………… 170

Q80 ガイドラインの要件が十分に充足されていないが経営者保証を求めなかった事例としてどのようなものがあるか？ …………178

Q81 短期運転資金の特性を踏まえ経営者保証を求めなかった事例としてどのようなものがあるか？ ………… 182

Q82 経営者保証の代替としてコベナンツを活用した事例としてどのようなものがあるか？ …………186

Q83 適切な保証金額を設定した事例としてどのようなものがあるか？ ………… 192

Q84 事業承継に伴い保証契約を見直した事例としてどのようなものがあるか？ …… 197

Q85 保証契約の期限到来に伴い経営者保証を解除した事例としてどのようなものがあるか？ …………202

Q86 主債務の整理のため民事再生手続を利用した場合において、保証債務を整理した事例にはどのようなものがあるか？ …………205

〈資料〉経営者保証に関するガイドライン ………… 209

```
─ 凡例 ─
ガイドライン…経営者保証に関するガイドライン
中小監督指針…中小・地域金融機関向けの総合的な監督指針
Q&A…経営者保証に関するガイドラインQ&A
```

第 1 章
経営者保証ガイドラインとは

Question 1

経営者保証はどうなる？
～ガイドラインの策定経緯と概要～

A 中小企業等の経営者による個人保証に対しては、2014年2月1日から「経営者保証に関するガイドライン」が適用されており、金融機関等の融資実務や事業再生実務において対応が求められる。

●ガイドラインの策定経緯

 従来、中小企業・小規模事業者等の経営者による個人保証については、経営者が失敗を恐れて思い切った事業展開ができなくなることや、経営が窮地に陥った場合には、保証責任の追及をおそれて、早期の事業再生を躊躇してしまうことなどにより、企業の活力が妨げられているなどの問題点が指摘されていた。また、金融機関等においても、安易に経営者の個人保証に頼ることで、借り手企業の財務情報等に基づく事業の目利きといった本来の役割が発揮されていないのではないかなどの指摘もなされていた。

 こうした問題意識に基づき、中小企業庁と金融庁は共同で有識者との意見交換の場として「中小企業における個人保証等の在り方研究会」を設置して議論を進め、2013年5月に「中小企業における個人保証等の在り方研究会報告書」を公表した。この報告書では、上記問題に対する解決策の方向性が示されるとともに、そのような「方向性を具体化したガイドラインが、行政当局の関与の下で、中小企業金融の関係者により策定されることが適当である」とされていた。

第1章 経営者保証ガイドラインとは

　これを踏まえ、日本商工会議所と全国銀行協会を共同事務局とする「経営者保証に関するガイドライン研究会」は、同年12月5日、経営者保証に関して中小企業等（主たる債務者）、経営者等（保証人）及び金融機関等（債権者）が果たすべき役割を具体化した「経営者保証に関するガイドライン」を策定・公表した。同日に閣議決定された「好循環実現のための経済対策」においても、ガイドラインの利用促進が盛り込まれており、ガイドラインの積極的な活用は、「起業・創業の精神に満ちあふれた国を取り戻し、地域経済の屋台骨である中小企業・小規模事業者の革新を推進する」といった日本経済の活性化のための重要な施策として位置づけられている。

●ガイドラインの概要

　ガイドラインは、大きく分けて、(1) 保証契約時等の対応と、(2) 保証債務の整理時の対応から構成される。

(1) 保証契約時等の対応

　まず、経営者保証に依存しない融資の一層の促進の方策として、経営者保証なしの資金調達を行うために企業側に求められる経営状況（①企業と経営者の関係の明確な区分・分離、②財務基盤の強化、③財務状況の正確な把握及び適時適切な情報開示等による経営の透明性確保）が明確にされた上で、それを踏まえた金融機関等における適切な対応（経営者保証を求めない可能性や代替的な融資手法等の検討）が求められている（ガイドライン4項、本書第2章）。

　また、やむを得ず保証契約を締結する場合には、契約時において、保証の必要性等の丁寧かつ具体的な説明や、適切な保証金額の設定などの

9

図表　保証契約時等の対応

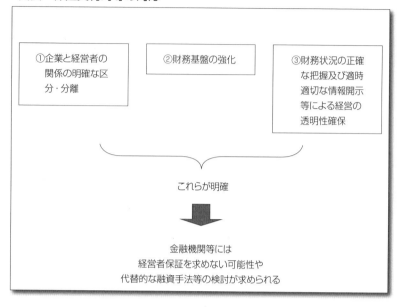

対応が金融機関等に求められる（ガイドライン5項、本書第3章）。さらに、すでに締結された保証契約についても、事業承継時等において、保証契約の見直し等の対応が求められる（ガイドライン6項、本書第4章）。

(2) 保証債務の整理時の対応

　一定の要件を満たした保証人は、ガイドラインに基づく保証債務の整理を申し出ることができ、その際には、金融機関等において、ガイドラインで示された①経営者の経営責任のあり方、②保証人の手元に残す資産の範囲、③保証債務の一部履行後に残った保証債務の取扱い等に沿った適切な対応、が求められている（ガイドライン7項、本書第5章）。

第1章 経営者保証ガイドラインとは

Question 2

ガイドラインに法的拘束力はあるのか？

A　ガイドラインに法的拘束力はないものの、金融機関等においては、ガイドラインを積極的に活用し、融資慣行としてガイドラインを積極的に遵守・尊重するための態勢整備が求められている。

●ガイドラインの尊重・遵守が強く要請される

　ガイドラインには法的拘束力はなく、「主たる債務者、保証人及び対象債権者によって、自発的に尊重され遵守されることが期待されている」ものである（ガイドライン2項(1)）。したがって、民事上、金融機関等において経営者保証に頼らない融資義務や債務整理義務が生じることはなく、また、ガイドライン違反はただちに違法と評価されない。

　その一方で、金融機関等において、経営者保証に関して、ガイドラインを融資慣行として浸透・定着させていくことは利用者保護、金融の円滑化等の銀行法等の目的に鑑みても極めて重要であるため、金融庁の中小監督指針等においては、金融機関等には「経営者保証に関し、ガイドラインの趣旨や内容を十分に踏まえた適切な対応を行うことにより、ガイドラインを融資慣行として浸透・定着させていくことが求められている」として、そのための具体的な着眼点が示されている。その取組状況や取組態勢が不十分な場合には、報告徴求や業務改善命令が発出される可能性も示唆されている（同監督指針Ⅱ-10等）。

Question 3

企業と経営者の一体性に合理性や必要性があれば経営者保証を徴求することは可能か？

主たる債務者である企業と経営者の一体性に一定の「合理性」や「必要性」が認められる場合には、経営者との間で保証契約を締結できるが、その認定に際しては慎重な検討が求められる。

● 「合理性」「必要性」認定の根拠がカギ

　主たる債務者である企業と経営者が一体である場合（例えば、企業が経営者に対して無制限または多額の役員報酬を支払うことができる場合）にまで、経営者保証の徴求を禁ずれば、かえって円滑な融資が妨げられ、経営者のモラルハザードを引き起こすおそれもある。

　そのため、ガイドラインは、企業と経営者の一体性に一定の「合理性」や「必要性」が認められる場合には、経営者による個人保証を許容している（ガイドライン2項(2)参照）。

　その認定は個別事案ごとに行う必要があり（第2章参照）、企業と経営者の一体性に「合理性」が認められる場合として、例えば、①企業と経営者との関係の明確な区分・分離、②財務基盤の強化、③財務状況の正確な把握及び適時適切な情報開示等による経営の透明性確保等の経営状況が将来にわたって見込まれないと判断され、かつ、十分な物的担保も提供されていない場合が考えられる（ガイドライン4項参照）。

　また、仮にそのような「合理性」が認められなかったとしても、経営者が自らの意思で一体的な取扱いを選好する場合には、企業と経営者の

第1章 経営者保証ガイドラインとは

一体性に「必要性」を認定できる場合もあり得ると考えられる（第6回「中小企業における個人保証等の在り方研究会」議事要旨3頁参照）。ただし、経営者保証に依存しない融資の一層の促進を図るというガイドラインの趣旨に鑑みれば、この「必要性」の認定は特に慎重に行う必要があろう。

──────────── 参考Q&A ────────────

Q. 4-2
4 (1) ①について、法人と経営者の間の資金のやりとりにおける「社会通念上適切な範囲」とは、どのような範囲をいうのでしょうか。

A.
法人と経営者の間の資金のやりとりにおける「社会通念上適切な範囲」は、法人の規模、事業内容、収益力等によって異なってくるため、必要に応じて公認会計士、税理士等の外部専門家による検証結果等を踏まえ、対象債権者が個別に判断します。

Question 4

ガイドラインの適用対象となる保証契約の要件とは？

A イ．保証人が個人であり、原則として主たる債務者（企業）の経営者等であること、ロ．主たる債務者（企業）および保証人（経営者等）の双方が弁済に誠実に対応し、反社会的勢力等に該当しないことである。

●弁済に誠実な債務者・保証人であれば適用対象

　ガイドラインの適用対象となる保証契約の要件は、ガイドライン3項において、以下のとおり定められている。

① 保証契約の主たる債務者が中小企業であること

② 保証人が個人であり、原則として（例外についてはQ5参照）、主たる債務者である中小企業の経営者であること

③ 主たる債務者（企業）および保証人（経営者等）の双方が弁済について誠実であり、金融機関等の請求に応じ、それぞれの財産状況等（負債の状況を含む）について適時適切に開示していること

④ 主たる債務者（企業）および保証人（経営者等）が反社会的勢力ではなく、そのおそれもないこと

　上記①の「中小企業」とは、中小企業・小規模事業者等をいうが、中小企業基本法に定める中小企業・小規模事業者に限定されるものではなく（その範囲を超える企業も対象となり得る）、個人事業主も含まれる（ガイドライン「はじめに」脚注1、Q&A3）。したがって、「中小企業」との

第1章　経営者保証ガイドラインとは

要件は、ガイドラインの主たる対象を示すにすぎず、経営者保証の対象
を限定するものとまではいえない。

　なお、「保証」には、併存的債務引受（新しい債務者がもとの債務者と
並んで債務者となる債務引受）であって、実質的に経営者保証と同等の効
果を期待されているものが含まれる（ガイドライン1項脚注2、3）。

―――――――――――― 参考Q&A ――――――――――――

Q. 3
「中小企業・小規模事業者等」は、どのような者が含まれるのでしょうか。
また、「個人事業主」は含まれるのでしょうか。

A.
ガイドラインの主たる対象は中小企業・小規模事業者ですが、必ずしも中
小企業基本法に定める中小企業者・小規模事業者に該当する法人に限定し
ておらず、その範囲を超える企業等も対象になり得ます。また、個人事業
主についても対象に含まれます。

15

Question 5

経営者以外との保証契約でもガイドラインが適用される場合とは？

イ．実質的な経営権を有している者、ロ．営業許可名義人、ハ．経営者の配偶者、ニ．事業承継予定者が保証人となる場合、その他これに準じる場合（Q6参照）である。

●経営者と実質的に同視できる者は適用対象

　保証人が個人であり、原則として主たる債務者である企業の経営者であることがガイドラインの適用要件だが、経営者以外であっても経営者と実質的に同視できる以下の者が保証人となる場合は、例外的に、ガイドラインの適用対象となる（ガイドライン3項(2)）。

①　実質的な経営権を有している者
②　営業許可名義人
③　経営者の配偶者（経営者と共に当該事業に従事する配偶者に限る）
④　事業承継予定者（経営者の健康上の理由による場合に限る）

　なお、上記④の「事業承継予定者」について、「経営者の健康上の理由」による場合に限定されているのは、ガイドラインの策定以前から、金融機関等には、経営者以外の第三者保証を求めないことを原則とする融資慣行の確立が求められており、やむを得ず事業承継予定者に保証の提供を求める場合も、現経営者の「健康上の理由」という特別の事情が要件とされていること（中小監督指針Ⅱ-11-2(1)等）による（Q&A3-2）。

第1章 経営者保証ガイドラインとは

いわゆる第三者保証にこのガイドラインは
適用されるのか？

 適用される。ただし、第三者は必ずしも経営者と同視できない
ため、その特性に応じて具体的な適用方法を検討する必要がある。

●第三者保証については慎重な検討を要する

　金融機関等には、ガイドラインの策定以前から、経営者以外の第三者の個人保証を求めないことを原則とする融資慣行の確立が求められており、経営者や経営者と実質的に同視できる者（Q5参照）以外の第三者からの個人保証の徴求は、「当該事業の協力者や支援者から積極的に連帯保証の申し出があった場合」等に限り、例外的に許容されている（中小監督指針Ⅱ-11-2（1）等）。

　しかし、このような第三者保証についても、経営者と実質的に同視できる者による保証に「準じる場合」（ガイドライン3項（2））として、ガイドラインの適用は排除されていない（同脚注5、Q&A3-1）。

　もっとも、ガイドラインは、典型的には経営者や経営者と同視できる者（Q5参照）による保証を想定しているため、第三者保証へのガイドラインの適用方法は、その特性に応じて具体的に検討する必要がある。

　例えば、経営者保証に依存しない融資の一層の促進（ガイドライン4項）については、そもそも、第三者保証に依存した融資は上記監督指針等に照らして基本的に想定されないが、仮に第三者から保証の積極的な申出があった場合には、ガイドラインに基づき主債務者の財務基盤や代替的

な融資手法等に照らした慎重な検討が求められるものと考えられる。

　また、保証債務の整理（ガイドライン7項）については、「経営者の経営責任の在り方」(同(3)②)など経営者を直接的に想定した事項を除き、基本的に第三者保証にも適用されるものと考えられる。

参考Q＆A

Q. 3-1
3(2)に「特別な事情がある場合又はこれに準ずる場合」とありますが、「これに準ずる場合」とは具体的にはどのような場合が該当するのでしょうか。

A.
財務内容その他の経営の状況を総合的に判断して、通常考えられるリスク許容額を超える融資の依頼がある場合であって、当該事業の協力者や支援者からそのような融資に対して積極的に保証の申出があった場合等が該当します。

第1章　経営者保証ガイドラインとは

＜コラム　民法改正＞

　ガイドラインでは、金融機関等がガイドライン4項（2）イ～ニの要件の充足性について検討したうえで、「経営者保証を求めることが止むを得ないと判断された場合」または「中小企業における法人個人の一体性に一定の合理性や必要性が認められる場合」には、経営者保証を徴求することが許容される。

　2017年5月26日に「民法の一部を改正する法律」が成立し、2020年4月の施行が予定されるが、経営者保証の徴求が許容される場合につき、金融機関等は、改正民法との関係で以下の点に留意する必要がある。

（1）公正証書の作成が必要となるケース

　事業のために負担した貸金等債務を主たる債務とする保証契約または主たる債務の範囲に事業のために負担する貸金等債務が含まれる根保証契約は、保証人になろうとする者がその契約の締結に先立ち、その締結の日前1カ月以内に作成された公正証書により保証債務を履行する意思を表示していなければ、その効力を生じない（改正民法465条の6）。

　すなわち、経営者保証を徴求することが許容される場合であっても、当該保証契約が、主たる債務の範囲に事業のために負担する貸金等債務が含まれている根保証契約であれば、保証人が公正証書によって保証債務を履行する意思を表示していることが要件となる。

　なお、主債務者が法人であって、保証人が当該法人の理事、取締役、執行役またはこれらに準ずる者である場合には、公正証書の作成は不要となる（改正民法465条の9第1号）。そのため、ガイドラインの適用される「経営者」のうち、上記に該当する場合には、公正証書の作成は不

19

要となる。

(2) 契約締結時の情報提供義務

経営者保証の契約時には、金融機関等は、保証契約の必要性、保証履行時の履行の範囲、保証契約の変更・解除等の見直しの可能性があることを主たる債務者と経営者（保証人）に対して説明する必要があるが（Q23参照）、以下の点にも留意する必要がある。

改正民法465条の10は、主たる債務者は、事業のために負担する債務を主たる債務とする保証または主たる債務の範囲に事業のために負担する債務が含まれる根保証の委託をするときは、委託を受ける者に対し、①財産及び収支の状況、②主たる債務以外に負担している債務の有無並びにその額及び履行状況、③主たる債務の担保として他に提供し、または提供しようとするものがあるときは、その旨及びその内容次に掲げる事項に関する情報を提供しなければならないと定めている。この義務は、第一次的には主たる債務者が負うものであるが、他方で、主たる債務者が当該義務に違反し、情報を提供せずまたは虚偽の情報を提供したために保証人が誤認をして保証契約を締結した場合に、金融機関等がそのことについて悪意または有過失であったときは、保証人によって当該保証契約が取り消され得る（同条第2項）。

したがって、債権者たる金融機関等としては、保証契約を取り消されることのないよう、主たる債務者による情報提供の不足や虚偽説明について善意・無過失であったことの裏付けを確保しておく必要がある。具体的には、主たる債務者が情報提供義務を負う各項目について、正確な説明を行った、あるいは、説明を受けたことを表明保証する内容の書面をそれぞれ主たる債務者及び保証人から取得することが考えられる。

第 2 章
経営者保証に依存しないための実務

債務者が経営者保証の提供なしに融資を希望する場合、どのような経営状況であることが求められるか？

①法人と経営者との関係の明確な区分・分離、②財務基盤の強化、並びに③財務状況の正確な把握及び適時適切な情報開示等による経営の透明性確保を充足した経営状況であることが求められる。

●一定の経営状況を求めることの趣旨

　中小企業においては、業務、経理、資産所有等に関する企業と経営者等の関係が明確に分離されておらず、実質的に一体となっていることが多いこと、また、中小企業の財務基盤は概して強固ではないことや、借り手である中小企業から貸し手に対する適切な開示情報が不足していることが多いことが指摘される（金融庁「中小企業における個人保証等の在り方研究会報告書」1頁）。経営者保証はこれらを補完するものとして一定の有用性が認められ、融資慣行として定着してきた。そのため、中小企業に対して経営者保証を求めずに融資を行うためには、金融機関等は、主たる債務者において上記のような中小企業の経営実態が改善されていると言い得る事情があるかを確認することが重要である。

●一定の経営状況の具体的内容

　具体的には、金融機関等は、経営者保証の要否を判断するに際しては、当該中小企業において、①法人と経営者との関係の明確な区分・分離、②財務基盤の強化、③財務状況の正確な把握、適時適切な情報開示等に

第 2 章　経営者保証に依存しないための実務

よる経営の透明性確保が充たされているかを確認する（ガイドライン 4 項（1））。

●財務基盤の強化

このうち②財務基盤の強化としては、財務状況及び経営成績の改善を通じた返済能力の向上等により、法人のみの資産・収益力で借入返済が可能と判断し得る財務状況が期待されている（ガイドライン 4 項（1）②、（2）ハ）。例えば、内部留保が潤沢で借入金全額の返済が可能と判断し得る状況や、業績が堅調で今後も借入を順調に返済し得るだけのキャッシュフローを確保する可能性が高い状況がこれに該当する（Q&A4-4）。

そのほか①及び③については後述する（①については Q9、③については Q10 参照）。

法人の事業内容や成長可能性などを踏まえて、経営者保証の要否を判断する際の留意点は？

A 法人の財務データ面だけに捉われず、主たる債務者との対話や経営相談等を通して情報を収集し、事業の内容や持続・成長可能性などを含む事業性を適切に評価することが重要である。

●事業性評価に基づく融資へのニーズ

　経営者保証による融資は、中小企業の経営への規律付けや信用補完として資金調達の円滑化に寄与する面がある一方、経営者による思い切った事業展開等、中小企業の活力を阻害する面があることが指摘されており、近年、中小企業の事業の成長性や営業力等の事業性の評価に基づく融資の活用が期待され、金融庁もこれを促進している。かかる現状を踏まえ、ガイドラインは、金融機関等が、個人保証の要否や代表的な融資手法を活用する可能性を検討する際には、主たる債務者である企業の事業内容や成長可能性などを踏まえることの重要性を指摘している（Q&A4-13）。

●事業性を適切に評価するための対応

　金融機関等が、主たる債務者の事業の内容や持続・成長可能性などを含む事業性を適切に評価するためには、企業の財務データ面だけに捉われず、主たる債務者との対話や経営相談等を通じて情報を収集することが必要である（金融庁「平成26事務年度金融モニタリング基本方針」2頁、

第2章　経営者保証に依存しないための実務

Q&A4-13)。その手法としては、主たる債務者と信頼関係を構築し、財務情報だけでなく事業計画や業績見通し等の情報についてより詳しい説明が受けられる環境の整備に取り組むとともに、主たる債務者の企業規模や経営体制等を踏まえた上でこれを柔軟に運用することが考えられる（Q&A4-13)。

また、事業性評価に基づく貸出判断力を高めるために、財務内容分析に関する教育のみならず、業界動向や技術動向に関する情報収集・分析を行う部署の設置や、必要に応じた外務専門家・機関との連携等の取り組みを行うことも考えられる（中小企業庁「中小企業白書（2016年度版）」第2部第5章3　事業性評価の必要性参照）。

参考資料　企業が現在利用している融資手法と今後借入を希望する融資手法

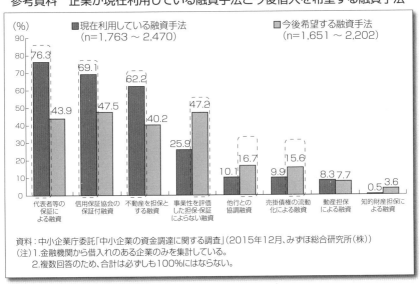

資料：中小企業庁委託「中小企業の資金調達に関する調査」(2015年12月、みずほ総合研究所(株))
(注) 1. 金融機関から借入れのある企業のみを集計している。
　　　2. 複数回答のため、合計は必ずしも100％にはならない。

出所：中小企業白書 2016

法人と経営者との関係の明確な区分・分離のための具体的方法とは？

法人の業務、経理、資産所有等に関し、法人と経営者との関係を明確に区分・分離し、法人と経営者の間の資金のやりとりを社会通念上適切な範囲を超えないものとする体制を整備することなどである。

●業務、経理、資産所有等を法人・経営者間で区分・分離

　資産の分離の観点からは、法人の事業活動に必要な本社・工場・営業車等の資産は経営者の個人所有とはせず法人所有とすることが望ましい。それが困難である場合には、経営者に適切な賃料を支払うことで、実質的に法人と経営者が分離していると評価され得る（Q&A4-1）。

　経理・家計の分離の観点からは、事業上必要がない経営者への貸付は行わないこと、経営者が個人として消費した費用を法人の経費処理としないことなどの対応が考えられる（Q&A4-1）。

　このような対応を確保・継続するための体制整備としては、取締役会の適切な牽制機能の発揮や、会計参与の設置、外部を含めた監査体制の確立等による社内管理体制の整備や、法人の経理の透明性向上の手段として、「中小企業の会計に関する基本要領」等に拠った信頼性のある計算書類の作成や金融機関等に対する財務情報の定期的な報告等が考えられる。また、こうした状況についての外部専門家による検証とその結果の開示がなされることも望ましい（Q&A4-1）。

第2章　経営者保証に依存しないための実務

●法人・経営者間の資金のやりとりを「社会通念上適切な範囲」に

　「社会通念上適切な範囲」とは、法人の規模、事業内容、収益力等によって異なるため、必要に応じて外部専門家による検証結果等を踏まえ、金融機関等が個別に判断するものとされている（Q&A4-2）。例えば、会社の財務状況に照らして過大な役員報酬の支払いや貸付が行われている場合は、「社会通念上適切な範囲」を超えると評価される。

　法人・経営者間の資金のやりとりが「社会通念上適切な範囲」であるかを判断するに際しては、当該法人において、役員報酬の決定プロセスがルール化されており、社内監査体制が確立しているなど（Q&A4-4）、法人の事業用資産を経営者個人に恣意的に流出させることを防止するための適切な牽制機能が具備されているか等の確認が重要である。

Question 10

外部専門家による、主たる債務者における体制整備・運用の状況についての検証とその結果の開示とは？

A 外部専門家は、業務、経理、資産所有等に関し、法人と経営者の関係が明確に区分・分離され、法人と経営者間の資金のやりとりや社会通念上適切な範囲を超えないものとする体制が整備され、適切に運用されているか等を検証し、その結果を金融機関等に適切に開示することが期待される。

●**外部専門家とは**

公認会計士、税理士等の、資産負債の状況、事業計画・事業見通し、それらの進捗状況等について検証を行うことのできる専門家をいうとされ、これらを充たす場合には、会社の顧問税理士でもよい（Q&A4-3）。

●**検証の内容**

外部専門家には、①業務、経理、資産所有等に関し、法人と経営者の関係が明確に区分・分離されているか、②法人と経営者の間の資金のやりとりを社会通念上適切な範囲を超えないものとする体制が整備されているか、などを検討することが求められる（ガイドライン4項（1）①、Q&A4-4）。また、③金融機関等から法人と経営者の明確な分離や適時適切な情報開示等のさらなる改善を求められた場合等には、これらの実現に向けた主たる債務者及び保証人に対する適切なアドバイスを行うことが期待される（Q&A4-4）。

第２章　経営者保証に依存しないための実務

　このようにガイドラインにおいては融資判断時における外部専門家による透明性の確保が強調されている。外部専門家による、数値等での検証結果の開示により、客観的な判断や交渉が可能になる利点が指摘される一方、外部専門家を起用するコストに対する法人の負担感も懸念されている（児島幸良ほか「座談会　ガイドライン適用に当たっての地域金融機関実務における留意点・問題点」銀行実務 2014 年 5 月号（31 頁））。

──────────── 参考Ｑ＆Ａ ────────────

Q. 4-4
4（1）①の「外部専門家による検証を実施」について、外部専門家はどのようなことを検証すればよいのでしょうか。

A.
外部専門家は、以下のようなことを検証することが期待されます。
- ➤業務、経理、資産所有等に関し、法人と経営者の関係が明確に区分・分離されているか。
- ➤法人と経営者の間の資金のやりとり（役員報酬・配当、オーナーへの貸付等）を社会通念上適切な範囲を超えないものとする体制（役員報酬の決定プロセスのルール化、社内監査体制の確立等）が整備されているか。

また、対象債権者から法人と経営者の明確な分離や適時適切な情報開示等の更なる改善を求められた場合等には、これらの実現に向けた主たる債務者及び保証人に対する適切なアドバイスを行うことが期待されます。

Question 11

経営の透明性確保のために必要な情報開示の方法とは？

A 資産負債の状況、事業計画や業績見通し及びその進捗状況等に関する金融機関からの情報開示要請に対して、正確かつ丁寧に信頼性の高い情報を開示・説明することが、経営の透明性確保のために必要である。

●ガイドライン上の規定

主たる債務者は、資産負債の状況（経営者のものを含む）、事業計画や業績見通し及びその進捗状況等に関する金融機関等からの情報開示の要請に対して、正確かつ丁寧に信頼性の高い情報を開示・説明することにより、経営の透明性を確保するものとされている（ガイドライン4項(1)③）。すなわち、主たる債務者には、金融機関等の求めに応じて、融資判断において必要な情報の開示・説明が求められる。

●具体的に求められる対応

例えば、①貸借対照表、損益計算書の提出のみでなく、これら決算書上の各勘定明細（資産・負債明細、売上原価・販管費明細等）の提出、②期中の財務状況を確認するため、年に1回の本決算の報告のみでなく、試算表・資金繰り表等の定期的な報告を行うことなどが考えられる（Q&A4-7）。

また、金融機関等が、財務データ面だけに捉われず、企業の事業の内容や成長可能性などを適切に評価し、これを踏まえて融資を実施するこ

第 2 章　経営者保証に依存しないための実務

との重要性が指摘されていることに照らせば（金融庁「平成 26 事務年度金融モニタリング基本方針」2 頁、Q&A4-13）、「事業性評価シート」等のフォーマットの利用や、経営者との積極的なコミュニケーションを通じたヒアリングにより、当該企業のビジネスモデルやサービスの特徴、市場環境、競合環境、今後の新規事業への取り組み等、財務情報にとどまらない、深度ある情報の提供を求めることも重要である（ヒアリングの項目や取組事例について、金融庁「金融モニタリングレポート（2015 年 7 月）」37 頁～ 41 頁参照）。

　金融機関等は、主たる債務者からこうした情報について、より詳しい説明が受けられるようにするために、主たる債務者と信頼関係を築き、アドバイスを行うとともに、必要に応じて説明を促していくことが考えられる。

Question 12

事業計画・業績見通し等に変動が生じた場合、主たる債務者は何を行うべきか？

A 情報開示の重要性に鑑み、自発的に報告するなど適時適切な情報開示に努めることが必要である。報告等の範囲は、幅広に考えておくことが望ましい。

●変動が生じた場合の適時適切な情報開示の重要性

主たる債務者は、金融機関等に対する情報の開示・説明後に、事業計画・業績見通し等に変動が生じた場合には、自発的に報告するなど、適時適切な情報開示に努めるべきであるとされている（ガイドライン 4 項(1) ③）。このような取組みによって、貸し手借り手双方の信頼関係が構築されてゆき、個人保証を補完的なものと位置付ける考え方が醸成されていくことが期待されている。

●開示すべき情報の範囲

主たる債務者は、保証の必要性に全く影響を及ぼさないような軽微な変動が生じた場合にまで金融機関等に逐一報告を行う必要はないが、そうだとしても、どのような変動については報告を要するのかという点について一律に基準を定めることが難しい以上、貸し手・借り手間の信頼関係構築のためにも、実務的には、幅広に報告を行うというスタンスをとるべきである。

例えば、以下のような対応が求められる（Q&A4-7 参照）。

① 貸借対照表、損益計算書の提出のみでなく、これら決算書上の各勘定明細（資産・負債明細、売上原価・販管費明細等）の提出
② 期中の財務状況を確認するため、年に１回の本決算の報告のみでなく、試算表・資金繰り表等の定期的な報告

●金融機関等の対応

　金融機関等としては、上記のように幅広に報告が必要であるというスタンスについて、主たる債務者の理解を促すよう、（説明事項としてガイドライン上明記はされていないものの）、必要に応じ、契約締結時等に説明を行うことも必要であろう。

参考資料　自社の経営課題についての金融機関の理解度

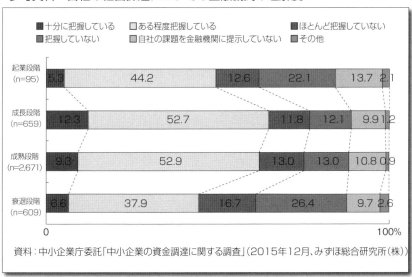

出所：中小企業白書 2016

Question 13

ガイドラインを踏まえると、金融機関等は経営者保証を求めないようにすべきなのか？

  金融機関等としては、経営者保証に依存しない融資を積極的に行うことが期待されているものの、合理的理由に基づき経営者保証を求めることは妨げられない。

●経営者保証に依存しない融資の促進

　ガイドライン2項（2）においては、「経営者保証に依存しない融資の一層の促進が図られることが期待される」とされており、金融機関等にも、経営者保証に依存しない融資を積極的に行うことが期待されている。

●合理的理由があれば経営者保証を求めることはできる

　具体的には、金融機関等としては、①法人個人の一体性の解消等が図られている、あるいは、解消等を図ろうとしている主たる債務者が資金調達を要請した場合において、②主たる債務者において一定の要件が将来にわたって充足すると見込まれるとき（Q15参照）、③主たる債務者の経営状況、資金使途、回収可能性等を総合的に判断する中で、④主たる債務者の意向も踏まえた上で、経営者保証を求めない可能性、停止条件または解除条件付保証契約、ABL、金利の一定の上乗せ等のような経営者保証に代替する融資手法を活用する可能性について、検討するとされている（ガイドライン4項（2））。

　したがって、金融機関等が、このような検討の結果として経営者保証

第2章　経営者保証に依存しないための実務

を徴求することが適切であると、合理的理由に基づき判断した場合においては、経営者保証を徴求することは当然妨げられない。

　なお、上記①〜④に係る検討については、中小企業等の規模や業況等が千差万別であることから、金融機関等には、必ずしも一律に同程度の分析を行うことは求められていない（2014年1月31日付金融庁パブリックコメントNo.8）。

●経営者保証を求める場合の対応

　なお、金融機関等が検討を行った結果、経営者保証を求めることが止むを得ないと判断した場合や、中小企業における法人個人の一体性に一定の合理性や必要性が認められる場合等で、経営者と保証契約を締結する場合、金融機関等は次の対応に努めるものとされている（ガイドライン5項）。

　①　主たる債務者や保証人に対する保証契約の必要性等に関する丁寧
　　かつ具体的な説明

　②　適切な保証金額の設定

Question 14

経営者保証のない融資の要請がなければ、経営者保証を求めない可能性等を検討しなくてもよいのか？

A 金融機関等としては、主たる債務者から融資の要請があった場合には、経営者保証を付さないことを求められていなくとも、経営者保証を求めない可能性等を検討する必要がある。

●経営者保証を提供しない旨の意思表示は要件ではない

　ガイドライン4項は、経営者保証に依存しない融資の一層の促進に向けて、主たる債務者及び保証人と債権者である金融機関等の双方に対し、以下の対応を求めている。

　まず、主たる債務者及び保証人には、経営者保証を提供することなしに資金調達をできるようにするには、経営実態を改善する必要があるとして、法人と経営者との関係の明確な区分・分離、財務基盤の強化、財務状況の正確な把握、適時適切な情報開示等による経営の透明性確保に努めることを求めている（ガイドライン4項(1)）。

　他方、金融機関等には、経営者保証に依存しない融資の一層の促進の観点から、法人個人の一体性の解消等が図られている、あるいは、解消等を図ろうとしている主たる債務者が「資金調達を要請した場合」において、主たる債務者につき以下の①〜⑤のような要件が将来にわたって充足すると見込まれるときは、主たる債務者の経営状況、資金使途、回収可能性等を総合的に判断する中で、経営者保証を求めない可能性や、代替的な融資手法を活用する可能性について検討することが求められて

いる（ガイドライン4項（2））。

① 法人と経営者個人の資産・経理が明確に分離されている。

② 法人と経営者の間の資金のやりとりが、社会通念上適切な範囲を超えない。

③ 法人のみの資産・収益力で借入返済が可能と判断し得る。

④ 法人から適時適切に財務情報等が提供されている。

⑤ 経営者等から十分な物的担保の提供がある。

以上のように、ガイドラインは、金融機関等が経営者保証を求めない可能性を検討するにあたり、主たる債務者から経営者保証を提供しない旨（経営者保証のない融資を求める旨）の意思表示があることを必要とはしておらず、金融機関等としては、主たる債務者から融資の要請があった場合には、たとえ経営者保証を付さないことを求められていなくとも、経営者保証を求めない可能性や、代替的な融資手法を活用する可能性についての検討をする必要がある。

なお、経営者保証を求めない可能性を検討するに際しては、上記①〜⑤の要件の全ての充足が求められるものではなく、個別の事案ごとに要件の充足状況に応じて判断することになる。例えば、取締役会の適切な牽制機能の発揮や監査体制の確立等、社内管理体制が整理されている場合や、法人の経営と所有（株主）が分離されている場合等においては、主たる債務者において内部または外部からのガバナンスが十分に働いており、将来にわたって要件を充足する蓋然性が高いと考えられるため、経営者保証を求めない可能性が高まるものと考えられる（Q&A4-11）。また、上記⑤の要件は、上記③の要件を補完するものであり、経営者等が十分な物的担保を提供しなければ、経営者保証の提供が求められると

いう趣旨ではなく、当該物的担保の提供を推奨するものでもない（Q&A4-10）。

●**実務上の留意点**

　このような観点からは、例えば、商品概要の説明書においても、あたかも経営者による保証の提供が融資の前提となっているとの誤解を顧客が招くことのないよう、適切な表現ぶりとするなどの留意が必要となる（2014年1月31日付金融庁パブリックコメント No.3）。

──────────── 参考Q＆A ────────────

Q.　4-10
4（2）に「主たる債務者において以下のような要件が将来に亘って充足すると見込まれる」とありますが、イ）からホ）までのいずれかの要件が将来に亘って充足することが見込まれる場合は、当該企業に経営者保証を求めない可能性等が検討されることになるのでしょうか。

A.
中小企業に経営者保証を求めない可能性等の検討に際しては、イ）からホ）までの要件のうち、できるだけ多くの要件が充足されることが望ましいと考えられますが、必ずしも全ての要件の充足が求められるものではなく、個別の事案ごとに、要件の充足状況に応じて判断されることになります。
なお、ホ）の要件に関しては、ハ）の要件を補完するものであり、経営者等が十分な物的担保を提供しなければ、経営者保証の提供が求められるという趣旨ではなく、経営者による物的担保の提供を推奨するものではありません。

第２章　経営者保証に依存しないための実務

Question 15

金融機関等は、どのような要件を満たしている場合に経営者保証徴求の要否を検討すべきか？

> **A** ガイドライン４項（２）には、経営者保証を徴求しない可能性等を検討すべき要件が示されているが、かかる要件は全て満たすことが必須ではなく、個別の事案ごとに主たる債務者の状況等を踏まえた検討が必要になる。

●金融機関等において経営者保証徴求の要否を検討すべき要件

　ガイドライン４項（２）は、主たる債務者が、①法人と経営者個人の資産・経理が明確に分離されている（同イ）、②法人と経営者の間の資金のやりとりが、社会通念上適切な範囲を超えない（同ロ）、③法人のみの資産・収益力で借入返済が可能と判断し得る（同ハ）、④法人から適時適切に財務情報等が提供されている（同ニ）、⑤経営者等から十分な物的担保の提供がある（同ホ）、といった要件を将来にわたって満たすと見込まれる場合、金融機関等において経営者保証を徴求しない可能性を検討することを求めている。

　上記の点を満たすかを検討するにあたっては、例えば、貸借対照表や損益計算書等の計算書類や、財務状況の確認のために定期的に報告を受ける試算表・資金繰り表等から、以下の点を確認することが考えられる。

イ．貸借対照表
　・貸付金や借入金の内容が、事業上の必要が認められない法人から経営者への資金貸借等ではないか。

・法人の事業活動に必要な不動産等の資産が、経営者の個人所有では
なく、法人所有とされているか。仮に、個人所有である場合、法人
が経営者に適切な賃料を支払うことにより、実質的に法人と個人と
が分離されているか。

ロ．損益計算書

・受取利息、支払利息の内容が事業上の必要が認められない法人から
経営者への資金貸借等によるものではないか。

・販売管理費等に、社会通念上適切な範囲を超えるような人件費の支
払や配当、個人として消費した費用（飲食代等）が計上されていな
いか。

ハ．資金繰り表

・借入や借入金の返済として、事業上の必要が認められない法人から
経営者への資金貸借等が予定・計上されていないか。

・支出の内容として、社会通念上適切な範囲を超えるような人件費の
支払や配当が予定されていたり、個人として消費した費用（飲食代
等）が計上されていないか。

ニ．事業計画書

・上記イ～ハであげた点について、将来的な事業計画書においても明
確に分離されているといえるか。

　ガイドラインは、上記の①～⑤の要件全てを主たる債務者が満たすこ
とを必須としているわけではなく、検討の要否の判断にあたっては、個
別の事案ごとに経営者保証の必要性が検討されることとなる。

　また、⑤は、経営者保証によらない回収可能性を検討する上で③の要
件を補完するものであって、ガイドラインも経営者等からの物上保証等

40

第2章 経営者保証に依存しないための実務

を推奨する趣旨ではない（Q&A4-10）。

●経営者保証を徴求しないことまで義務付けているわけではない

　ガイドラインは、かかる要件を満たした場合に、「主たる債務者の経営状況、資金使途、回収可能性等を総合的に判断する中で」経営者保証徴求の可否やそれに代わる代替的な融資手法活用の可否の検討を要請しているに過ぎず、経営者保証を徴求しないことまで義務付けているわけではない。

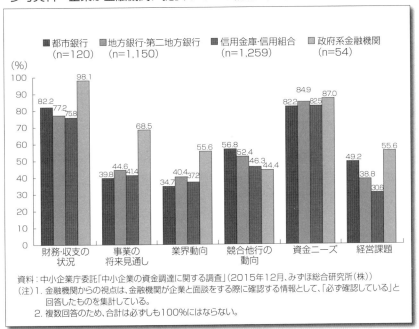

参考資料　企業が金融機関に提供している情報（金融機関からの視点）

資料：中小企業庁委託「中小企業の資金調達に関する調査」（2015年12月、みずほ総合研究所（株））
（注）1．金融機関からの視点は、金融機関が企業と面談をする際に確認する情報として、「必ず確認している」と回答したものを集計している。
　　 2．複数回答のため、合計は必ずしも100％にはならない。

出所：中小企業白書2016

Question 16

経営者保証の機能を代替する融資手法である
「停止条件または解除条件付保証契約」の
メリット・デメリットは何か？

A

コベナンツにより、経営者に単に保証債務を負わせる場合よりも、具体的かつ詳細に経営の規律付けを行うことが可能になる一方、通常の保証契約よりも管理面の負担等は大きくなると考えられる。

● 停止条件または解除条件付保証とは

　主たる債務者が、特約条項（コベナンツ）に抵触した場合に保証債務の効力が発生する保証契約を停止条件付保証契約といい、反対に、コベナンツを充足する場合に保証債務が効力を失う保証契約を解除条件付保証契約という（ガイドライン4項(2)）。

　例えば、停止条件付保証契約のコベナンツとして、代表者の変更時における主たる債務者から金融機関等への報告義務を定めた場合、主たる債務者が当該義務に違反すると経営者が個人保証を負うこととなってしまうため、債務者において当該報告義務を遵守することが期待でき、適時適切な情報開示に資すると考えられる（その他のコベナンツの具体例についてはQ17参照）。また、解除条件付保証契約としては、例えば、債務者が上場を志向しているような場合において、上場申請を解除条件として、当該条件を充足する場合には保証が効力を失うこととしておくことにより、代表者において経営者保証を負う期間・条件をあらかじめ限定しておくことが可能になる。

第２章　経営者保証に依存しないための実務

●停止条件または解除条件付保証のメリット・デメリット

　金融機関等においては、コベナンツの設定により、経営者に単に保証債務を負わせる場合よりも、具体的かつ詳細な経営の規律付けを行うことが可能になると考えられる。また、経営者にとっては誠実に事業を遂行する限り、負担の大きい保証債務を負わずに済むこととなる。

　一方で、コベナンツへ抵触する事由が存在しないかを確認するため、通常の保証契約よりも継続的なモニタリングを要するので、金融機関等の管理面での負担は大きい。また、解除条件付保証契約については、解除条件充足による保証契約失効後の経営者のモラルハザード防止の観点から、解除条件の内容や成就の時期について検討が必要となる。

Question 17
停止条件付保証契約のコベナンツとしては、具体的にどのような内容が考えられるか？

表明保証、報告及び届出事項、事業及び財産状況の提出、金融機関等の要承諾事項、確約事項などを設けることが考えられる。

● 表明保証

契約締結時点の主たる債務者の財務状況等の正確な把握のために、例えば、①貸付契約の締結及び履行等について、必要な手続を完了し、法令等に反していないこと、②計算書類及び付属明細書が正確かつ適法に作成されていること、③提出書類・資料に誤りがないこと、④直前の決算以降、事業や財産の状況等について重要な変更が発生していないこと、⑤事業が正常に行われていることについて、契約締結日において真実である旨を主たる債務者及び代表者から表明・保証を得ること、が考えられる。

● 報告及び届出事項

適時適切な情報開示の促進等のために、例えば、①商号、代表者、本店所在地、役員または株主・資本構成及び取引金融機関の変更や、②紛争、他の債権者への支払遅延及び財産、経営もしくは業況に関する重大な変化の発生の報告・届出を主たる債務者及び代表者に義務付けておくことが考えられる。

第2章　経営者保証に依存しないための実務

●事業及び財産状況の提出

　期中における財産状況の正確な把握等のために、例えば、①資金繰予定表、②収支計画、③見込日繰予定表、④各月の資金繰実績表、⑤各月の試算表、⑥売掛金元帳の写し、⑦借入残高の一覧表、⑧計算書類や確定申告書の写しといった書類の提出を主たる債務者代表者に義務付けることが考えられる。

●金融機関等の要承諾事項

　財務状況等のコントロールのために、例えば、①代表者の変更、②配当等、③役員賞与等の支給、④一定額以上の投融資、⑤担保・保証、⑥合併等、⑦重要な資産や事業の譲渡・譲受等を金融機関等の要承諾事項とすることが考えられる。

●確約事項の取決め

　契約期間中に事業継続が適切になされることを確保するために、例えば、①許認可等の継続、②法令等の遵守について、主たる債務者及び代表者から確約を得ることが考えられる。

●コベナンツの参考例

　コベナンツの参考例としては、「中小企業における個人保証等の在り方研究会」配布資料「停止条件付連帯保証契約条項参考例（委員私案)」等が参考となる（下記は同参考例を一部変更したもの）。

第1条（表明及び保証）

　甲（主債務者）及び丙（保証人）は、乙（貸主）に対し、貸付契約の締結日において、次の各号に記載された事項が真実に相違ないことを表明し、保証する。

①　甲は、貸付契約の締結及び履行それに基づく取引について法令、定款、その他の社内規則において必要とされる全ての手続を完了していること。

②　甲による貸付契約の締結及び履行並びにそれに基づく取引は、(a)甲を拘束する法令に反することはなく、(b)甲の定款その他の社内規則に反することはなく、また、(c)甲を当事者とする、または甲もしくはその財産を拘束する第三者との契約に反するものではないこと。

③　貸付契約は、甲に対して適法で有効な拘束力を有し、その各条項に従い執行可能なものであること。

④　甲が作成する計算書類及び付属明細書等は、日本国において一般に公正妥当と認められている会計基準に適合しており、正確かつ適法に作成されていること。

⑤　貸付契約に基づいて甲が乙に対して提出した一切の書類または資料等に、甲の事業または財務状況に関する重要な事実に反し、または乙に重大な誤解を生じさせる記載が存在しないこと。

⑥　貸付契約の締結日の直前事業年度における甲の計算書類及び附属明細書等に示された甲の事業、財産または財政状態を低下させ、甲の貸付契約に基づく義務の履行に重大な影響を与える可能性がある重要な変更は発生していないこと。

⑦　甲が現在行っている事業が、関連諸法令に違反しない態様で正常に行われていること。

⑧　甲に関して、貸付契約上の義務の履行に重大な悪影響を及ぼす、または及ぼす可能性のあるいかなる訴訟、仲裁、行政手続その他の紛争も開始されておらず、または開始されるおそれのないこと。

第2章　経営者保証に依存しないための実務

第2条（報告及び届出）

1. 甲は、乙に対し、貸付契約の締結日以降、甲が乙に対する貸付契約上の全ての債務の履行を完了するまで、以下各号の事由の一が生じた場合、直ちに報告し、または届け出なければならない。報告または届出は直ちに行われるべきものとするが、遅くとも以下各号の事由が発生してから1ヶ月以内に行われなければならないものとする。

　①　商号、代表者、署名または印鑑の変更。

　②　本店所在地または主たる事業所の変更。

　③　役員または株主・資本構成の変更。

　④　取引金融機関の変更（増加または減少を含む。）。

　⑤　甲に関して貸付契約上の義務の履行に重大な影響を及ぼす、もしくは及ぼす可能性のある訴訟、仲裁または行政手続その他の紛争が開始された場合、または開始されるおそれがある場合。

　⑥　甲の乙以外の債権者に対する債務の支払について遅延が生じた場合。

　⑦　甲並びにその子会社及び関連会社の財産、経営もしくは業況について重大な変化が発生した場合、または時間の経過によりかかる変化が発生するおそれがあることが判明した場合。

2. 丙は、前項の義務が甲によって遵守されることを約束するものとする。

3. 丙は、乙に対し、貸付契約の締結日以降、甲が乙に対する貸付契約上の全ての債務の履行を完了するまで、丙の住所地の変更が生じた場合、直ちに届け出なければならない。

第3条（事業及び財務状況の提出）

1. 甲は、乙に対し、貸付契約の締結日以降、甲が乙に対する貸付契約上の全ての債務の履行を完了するまで、以下各号の書類または資料を、それぞれについて記載された期限までに提出しなければならない。

　①　1年間の甲の月別資金繰予定表：●月●日

　②　1年間の甲の月別収支計画：●月●日

③ 6ヶ月間の甲の見込日繰予定表：●月●日

④ 各月の甲の資金繰実績表：作成該当月の翌月初5営業日

⑤ 各月の甲の資金繰予定表：作成該当月の月初5営業日

⑥ 各月の甲の試算表：作成該当月の翌月末日

⑦ 各月末現在の売掛金元帳の写し：作成該当月の翌月10日

⑧ 各月末時点における甲の各取引金融機関に対する借入残高の一覧表：翌月末日

⑨ 各事業年度の甲並びにその子会社及び関連会社の計算書類及び附属明細書及び確定申告書の写し：当該事業年度の最終日から3ヶ月以内（海外法人の場合は6ヶ月以内）

⑩ 各事業年度の甲並びにその子会社及び関連会社の財産、経営又は業況についての報告書：当該事業年度の最終日から3ヶ月以内（海外法人の場合は6ヶ月以内）

2. 前項の規定にかかわらず、乙は、必要と認めたときはいつでも甲の書類、帳簿並びに財産及び事業の状態を調査し、書類または資料の提出を求めることができ、この場合、甲は乙の調査に協力しなければならない。

3. 丙は、前各項の義務が甲によって遵守されることを約束するものとする。

第4条（要承諾事項）

1. 甲は、乙による事前の承諾がない限り、以下各号に定める行為を行ってはならないものとする。

① 代表取締役の変更。

② 剰余金の配当（中間配当を含む。）、減資または自己株式の買入れもしくは消却。

③ 役員に対する賞与または退職慰労金の支給。

④ 1件●●円以上の投資（設備投資を含む。）または融資。

⑤ 既存の債務についての担保の提供。

第2章　経営者保証に依存しないための実務

⑥　第三者の債務のための担保の提供。

⑦　第三者の債務についての保証、経営指導念書の差入れ、またはこれに類する一切の行為。

⑧　合併、会社分割、株式交換または株式移転。

⑨　重要な資産若しくは事業の全部または重要な一部の譲渡。

⑩　第三者の重要資産若しくは事業の全部または重要な一部の譲受。

⑪　前各号のほか、甲の経営状況及び財務内容に重大な影響を及ぼすおそれのある行為（既存事業の廃止または新規事業への参入を含む。）。

2. 丙は、前項の義務が甲によって遵守されることを約束するものとする。

第5条（確約事項）

甲及び丙は、貸付契約の締結日以降、同契約上の全ての債務の履行を完了するまでの間、次の各号について遵守することを確約する。

①　甲が主たる事業を営むのに必要な許可等を維持すること。

②　甲が全ての法令等を遵守して事業を継続すること。

第6条（停止条件付連帯保証）

1. 丙は、以下の各号の一に該当する事実が生じた場合、貸付契約に基づく甲の乙に対する一切の債務を保証し、甲と連帯して履行する。なお、被保証債務は、当該事実が発生した後新たに甲が乙に対して貸付契約に基づいて負担した債務のみならず、当該事実が発生した時点において既発生の甲の乙に対する債務を含む。

①　第1条各号に基づく丙の表明保証が真実ではなかったとき。

②　丙が第2条第2項、第3条第3項又は第4条第2項に規定される約束に違反したとき。

③　丙が前条の確約に違反したとき。

④　前各号のほか、丙が、乙に対し、甲並びにその子会社及び関連会社の財産、経営又は業況に関する重要な点について虚偽の事実を開

示したとき。

2．前項に基づく丙の連帯保証債務は、前項各号の事由を具体的に摘示した甲の丙に対する書面による通知により生じるものとする。

3．丙が本条に基づいて発生した連帯保証債務を履行したことにより甲に対して取得する求償権並びに乙に代位して取得する権利（これに随伴する担保権及び保証債権を含む。）については、丙は、乙の事前の承諾がない限り、これを行使できないものとする。

4．甲の代表者の変更があった場合、乙は、甲の新代表者に対して本条に基づく停止条件付連帯保証と同一内容の保証を行うよう請求することができる。

【その他、必要に応じて一般条項を加える】

第２章　経営者保証に依存しないための実務

Question 18 経営者保証の機能を代替する融資手法である ABL のメリット・デメリットとは何か？

A ABL の活用は、主たる債務者の信用力を補完し、資金調達枠の拡大にも資するため、経営者保証に依存しない融資の促進につながる一方、在庫や売掛金等の管理負担の増加といったデメリットも存在する。

● ABL とは

ABL（Asset Based Lending）とは、企業が保有する売掛金などの債権や在庫・機械設備等の動産等を担保とする融資手法をいう（Q&A4-9）。

● ABL の活用場面

ABL の活用が想定される融資先としては、不動産や有価証券等の担保が乏しい、業歴が短く事業拡大期にある法人や、再生手続の途上にある法人等が想定される。また、融資先として想定される業種としては、売掛金債権や在庫の金額が大きかったり、売掛や在庫の期間の長い業種、季節資金の必要な業種、生産設備などの機械類の保有規模の大きい業種等が想定される。

さらに、ABL の対象とする担保物件については、債権保全の実効性の観点から、担保として客観的な評価が可能であるか、管理状況が良好か、担保実行時の処分が可能・容易かといった点等を踏まえ、選定する必要がある。

● ABL のメリット・デメリット

　ABL は、主たる債務者にとっては、売掛金や在庫を担保として活用することにより、信用力を補完し、資金調達枠を拡大することに資する。ABL の利用は、経営者保証に依存しない融資を促進することにつながり、ガイドラインの趣旨にも適うといえる。また、ABL の設定により、主たる債務者の在庫や売掛金等を継続的にモニタリングすることを通じて、主たる債務者の事業の状況を正確に把握することが可能になるため、金融機関等においては、信用リスク管理の強化にもつながると考えられる（Q&A4-9）。

　一方、ABL は、金融機関等において主たる債務者の財産状況の把握のために継続的なモニタリングを要し、主たる債務者においても在庫や売掛金等の管理負担は増加することとなる。また、ABL の利用により、経営者保証を全く徴求しないこととした場合、経営者によるモラルハザードの問題が生じる可能性も否定できないため、停止条件付保証契約を組み合わせるなどして経営者への規律付けを行う必要がないか検討を要する。

第2章　経営者保証に依存しないための実務

ABL の取組み上の留意点としてはどのようなものが
あるか？

ABL の取組みにあたっては、経産省の公表資料等も参考としつつ、担保の評価・管理・処分などに留意する必要がある。

●担保の評価・管理・処分

　経済産業省が 2008 年に制定した「ABL ガイドライン」では、担保の評価・管理・処分の観点から、基本的な留意点が定められている。
　具体的な取組みにおいては、動産や売掛金債権への担保設定について、対象資産の選択と対抗要件具備の方法が特に重要となる。その他、担保価値の把握のための期中管理の方法や担保実行時における担保物件の占有の確保、適正価格での処分方法についても検討を要する。

●契約の内容

　ABL の契約内容の参考例としては、経産省が 2013 年に「動産・債権担保融資普及のためのモデル契約等の作成と制度的課題等の調査報告書」の資料として公表した、ABL のモデル契約書案等が参考になる。

●資産査定上の取扱い

　動産や売掛金担保が一般担保（客観的な処分可能性がある担保）として取り扱われるための要件には、例えば対抗要件の適切な具備、継続的なモニタリング、適切な換価手段の確保などがあり、在庫品の担保であれ

ば、保管場所や品目別の仕入数量・金額等を、定期的に実地で確認することが、適切と考えられる担保管理手法等として例示されている。

　また、ABL の実施には、担保評価のための金融機関の動産・売掛金担保に関する自己査定基準の整備も必要となるところ、担保の標準的な掛け目水準は概ね動産は評価額の 70%、売掛金は評価額の 80%とされている。

<コラム　民法改正>

　ABL は中小企業の資金調達の一手段となってきているものの、現行民法では、債権者と債務者の間で、譲渡制限特約がなされている場合、ABL により資金調達を行おうとする債権者は、債務者の承諾を得た上で債権を譲渡する必要がある。しかし、実際には債務者の承諾を得ることができない場合が少なくない。一方、ABL で債権を譲受する側にとっても、債権譲渡が無効となるリスクがあることから、当該債権についての評価が低くなり、債権者側が調達できる資金額が目減りするというデメリットも存在していた。

　この点、改正民法では、譲渡制限特約が付されても、債権譲渡の効力は有効となる。上記のような問題が解消されることから、債権譲渡を活用した資金調達がより円滑なものとなることが期待されている。

第 2 章 経営者保証に依存しないための実務

Question 20
経営者保証の機能を代替する融資手法として、「金利の一定の上乗せ」をする場合とはどのような場合か？

A 経営者保証を徴求せずに融資を行う場合、モニタリングの負担等の増加が生じるため、金利の上乗せ等の対応をとることが考えられる。

●金利の上乗せの機能

　経営者保証を徴求せずに融資を行う場合、これに代わる担保等の提供がなければ、信用リスクを低減できず、主たる債務者の経営状況、資金使途、回収可能性等をより正確に把握する必要性も高くなるため、モニタリングの負担等も増加すると考えられる。そのため、金融機関等においては、経営者保証を徴求する場合よりも金利の上乗せをするなどの対応をとることが考えられるが、信用リスクは、法人の社内管理体制の整備等経営改善の状況や、法人の規模、事業内容、収益力等によっても異なるため、金融機関等としては、それらの事情を個別具体的に加味した上で、主たる債務者のリスクに見合った適切な金利の設定が必要になる（Q&A4-12）。その場合に、内部の信用格付の区分等を用いることは問題ない。

●経営者が個人保証を選択する場合

　一方、経営者としても、個人保証を行えば低金利での融資を受けることが可能となる場合には、個人保証によるリスクの引受けと金利の上乗

せによる負担増とを比較の上、判断し、結果的に個人保証を選択するという意向を持つ場合もあり得るであろう。ただし、その場合には、金融機関等としては、保証契約の必要性等に関する丁寧かつ具体的な説明を行い、個人保証のリスク等を十分に理解させるよう努めるとともに、適切な保証金額の設定にも努めなければならない。

適切な保証金額の設定については、経営者保証に関する負担が中小企業の各ライフステージにおける取組意欲を阻害しないよう、形式的に保証金額を融資額と同額とはせず、保証人の資産及び収入の状況、融資額、主たる債務者の信用状況、物的担保等の設定状況、主たる債務者及び保証人の適時適切な情報開示姿勢等を総合的に勘案して設定するものとされる。

第2章　経営者保証に依存しないための実務

経営者保証の機能を代替するその他の融資手法としては、どのような方法が考えられるか？

経営への規律付けや財産保全の手法としてはハイブリッド型ファイナンスの利用や、シンジケート・ローンにおいて他の金融機関等の担保取得や保証取得につき報告義務を課すことなどが考えられる。

●経営への規律付け、一般財産の保全を図るための手法

　経営者保証を徴求しない場合、融資の返済原資は主たる債務者となる法人の資産と事業上の収益または物的担保等によることとなるため、経営者保証に代わる形で、債務者の経営への規律付けや、一般財産の保全を図る方法が検討されるところである。

　経営への規律付けや財産保全の方法としては、金融機関等において、一定の事象が生じた場合に、エクイティを保有できるようにしておくことにより、経営者のモラルハザードの防止を図ることが考えられる。具体的には、コベナンツへの抵触を停止条件として、新株予約権の行使を可能にするエクイティとのハイブリッド型のファイナンス等が考えられる。

　また、シンジケート・ローンなど、複数の金融機関等からの融資が想定されている場合には、契約において他の金融機関等の担保取得や保証取得について報告義務を課すことも考えられる。

●取組上の留意点

　金融機関等自身が議決権を取得することについては、業法上の議決権の取得等の制限に違反しないようにしなければならない。また、これらの融資手法については、コストが高くなることが多く、利用の場面は一定規模以上の資金需要が発生する場合等に限定されるであろう。

第3章
経営者保証を徴求する際の実務対応

Question 22

主たる債務者が経営者保証以外の融資手法によることを希望しない場合、金融機関等は経営者保証を徴求しても問題ないか？

主たる債務者が経営者保証の内容・必要性等について十分に理解した上で経営者保証以外の融資手法によることを希望しないのであれば、経営者保証を徴求しても問題はない。

●経営者による自由な選択の機会の確保

　主たる債務者の経営状況、資金使途、回収可能性等を総合的に判断した結果、融資の条件として経営者保証を徴求せざるを得ない場合に、これを経営者が了承しているときや、金利の上乗せ等の代替的な融資手法を提案したものの、主たる債務者が経営者保証付の融資を希望するときなどは、金融機関等が経営者保証を徴求することは認められる。

　もっとも、それらの判断は、主たる債務者において自由選択の機会を確保されていることが前提となるから、金融機関等にはそのような機会が確保されるよう、以下の対応等をとることが期待されている（ガイドライン５項）。

　まず、経営者保証を提示するにあたっては、その前提として、保証契約の必要性等に関する丁寧かつ具体的な説明が求められる。

　具体的には、金融機関等は、主たる債務者と保証人に対して、以下の点を丁寧かつ具体的に説明する。

　① 保証契約の必要性

第3章　経営者保証を徴求する際の実務対応

② 原則として、保証履行時の履行請求は、一律に保証金額全額に対して行うものではなく、保証履行時の保証人の資産状況等を勘案した上で、履行の範囲が定められること

③ 経営者保証の必要性が解消された場合には、保証契約の変更・解除等の見直しの可能性があること

また、経営者保証以外にも複数の融資手法を選択することが可能である場合にはこれを提案し、主たる債務者に他の融資手法を選択する機会を確保することが求められる。

さらに、主たる債務者が経営者保証の内容や他の融資手法について理解した上で、経営者保証付の融資を選択した場合であっても、金融機関等としては適切な保証金額の設定に努めることが求められる。

Question 23

経営者保証の徴求が許容される「経営者保証を求めることが止むを得ないと判断された場合」とはどのような場合か？

金融機関等における検討の結果、ガイドライン4項(2)イ〜ニの要件を将来にわたっても充足しないと見込まれ、保証の代替方法の活用が困難であると判断された場合である。

● ガイドラインの規定

ガイドライン5項の柱書は、経営者保証を徴求することが許容される場合として、「対象債権者が第4項(2)に即して検討を行った結果、経営者保証を求めることが止むを得ないと判断された場合」をあげている。

したがって、金融機関等が主たる債務者の経営状況、資金使途、回収可能性等を総合的に検討した結果、ガイドライン4項(2)イ〜ニの要件（図表参照）が将来にわたっても充足しないと考えられ、保証の代替方法の活用等が困難であると判断される場合には、「経営者保証を求めることが止むを得ないと判断された場合」に該当すると考えられる。

なお、Q15のとおり、ガイドライン4項(2)ホは独立の要件と考えるべきでない。

● 要件充足性の判断

ガイドライン4項(2)イ〜ニの要件充足性の判断に関しては、例えば、取締役会の適切な牽制機能の発揮や監査体制の確立等、社内管理体制が

第3章　経営者保証を徴求する際の実務対応

図表　ガイドライン4項（2）イ〜ホの要件

イ　法人と経営者個人の資産・経理が明確に分離されている。
ロ　法人と経営者の間の資金のやりとりが、社会通念上適切な範囲を超えない。
ハ　法人のみの資産・収益力で借入返済が可能と判断し得る。
ニ　法人から適時適切に財務情報等が提供されている。
ホ　経営者等から十分な物的担保の提供がある。

整備されており、法人の経営と所有（株主）が分離されている場合には、主たる債務者において内部または外部からのガバナンスが十分に働いており、将来にわたって要件を充足する可能性は高まると考えられる（Q&A4-11参照）。

　これについて、金融機関等が判断を行うにあたっては、主たる債務者の事業内容や成長可能性などを踏まえ、主たる債務者の財務データ面だけに捉われず、主たる債務者との対話や経営相談等を通して情報を収集し、事業の内容や持続・成長可能性などを含む事業性を適切に評価することが望ましい対応といえる。そのために、主たる債務者から、財務情報だけでなく、事業計画や業績見通し等の情報について、より詳しい説明が受けられるよう、主たる債務者と信頼関係を築き、アドバイスを行うとともに、必要に応じて説明を促していくことが考えられる（Q&A4-13参照）。

　各金融機関等においては、上記のとおり、主たる債務者の財務データ面だけではなく、主たる債務者との対話や経営相談等を通して情報を収集した上で、個々の案件ごとに、将来の要件充足性にかかる判断を行う必要があると思われる。

63

Question 24

経営者保証の徴求が許容される「中小企業における法人個人の一体性に一定の合理性や必要性が認められる場合」とはどのような場合か？

A 主たる債務者に対して、企業と経営者等との関係の明確な区分・分離、財務基盤の強化、財務状況の正確な把握等の経営改善の実現を期待することが現実的でない場合である。

● 「法人個人の一体性」

「法人個人の一体性」とは、「業務、経理、資産所有等に関する企業と経営者等との関係が明確に区分・分離されておらず、実質的に一体となっていること」と定義される（金融庁「中小企業における個人保証等の在り方研究会報告書」1頁）。

これらの判断の要素として、①業務の観点では、経営判断が取締役会決議に基づき実施され、当該取締役会に対して牽制機能が発揮されているか、②経理の観点では、事業上の必要性の認められない法人から経営者への貸付がないか、③資産所有の観点では、法人の事業用資産について法人所有となっているか、などの要素があげられる。

● 「一定の合理性や必要性が認められる場合」

主たる債務者の中には、経営者の信用によって事業が成り立っている場合や個人商店が法人成りしたに過ぎないような場合等、法人個人の一体性を保持することが合理的な場合があり得る。

第３章　経営者保証を徴求する際の実務対応

　また、経営者自らが法人と個人の一体的な取扱いを選好する場合にお
いて、あえて、金融機関等において経営者保証に依存しない融資を強い
られる理由もない（第６回「中小企業における個人保証等の在り方研究会」
議事要旨３頁参照）。

　したがって、これら一定の合理性や必要性が認められる場合には、主
たる債務者に対して、企業と経営者等との関係の明確な区分・分離、財
務基盤の強化、財務状況の正確な把握等の経営改善の実現を期待するこ
とが現実的ではないと考えられるため、経営者保証の徴求も許容される
とされている。

●経営者保証の契約時の金融機関の対応

　なお、上記の判断に基づき経営者と保証契約を締結する場合、金融機
関等は主たる債務者や保証人に対して保証契約の必要性等に関し丁寧か
つ具体的に説明し、適切な保証金額を設定することが求められる（Q22、
25参照）。

65

Question 25

経営者と保証契約を締結する際、金融機関等は主債務者や保証人に対して、どのような事項について説明を行うことが求められ、どのような体制整備が求められるか？

A 保証契約の必要性、保証履行請求時の履行の範囲、保証契約の変更・解除等の見直しの可能性があることにつき、それぞれ説明を行う必要がある。

● ガイドラインの規定とその趣旨

ガイドライン5項（1）は、「主たる債務者や保証人に対する保証契約の必要性等に関する丁寧かつ具体的な説明」を金融機関等に課しており、金融機関等は、保証契約を締結する際に、主たる債務者と保証人に対して、①保証契約の必要性、②原則として、保証履行時の履行請求は一律に保証金額全額に対して行うものではなく、保証履行時の保証人の資産状況等を勘案した上で、履行の範囲が定められること、③経営者保証の必要性が解消された場合には、保証契約の変更・解除等の見直しの可能性があることについて丁寧かつ具体的に説明することを求められている。保証人たる経営者に予見可能性を確保させ、もって経営者を保護することを目的として、金融機関等に対して一定の説明義務が課されたものである。

● 求められる体制整備

金融機関等は、説明にあたって、社内規則等を定めるとともに、従業

第3章　経営者保証を徴求する際の実務対応

員に対する研修その他の当該社内規則に基づいて業務が運営されるための十分な体制整備が求められているところ（中小監督指針II-3-2-1-2 (2)①ニ等）、主債務者や保証人とのトラブル回避、または自金融機関の取組みの事後的な検証のためといった観点から、説明を行ったことについて、何らかの形で記録を残しておくことが望ましいとされている点にも注意が必要である（2014年1月31日付金融庁パブリックコメントNo.6）。

●民法改正との関係

2020年4月に施行される改正民法の規律では、主たる債務者は、事業のために負担する債務を主たる債務とする保証または主たる債務の範囲に事業のために負担する債務が含まれる根保証の委託をするときは、委託を受ける者に対し、①財産及び収支の状況、②主たる債務以外に負担している債務の有無並びにその額及び履行状況、③主たる債務の担保として他に提供し、または提供しようとするものがあるときは、その旨及びその内容次に掲げる事項に関する情報を提供しなければならず（改正民法465条の10第1項）、主たる債務者が当該義務に違反して、情報を提供せずまたは協議の情報を提供した場合に、債権者たる金融機関等がそのことについて悪意または有過失であったときは、保証契約が取り消され得る（同条第2項）。

金融機関等としては、保証契約を取り消されることのないよう、主たる債務者による情報提供の不足や虚偽説明について善意・無過失であったことの裏付けを確保しておく必要がある。具体的には、保証契約の締結に当たって、主たる債務者が情報提供義務を負う各項目について、正確な説明を行った、あるいは、説明を受けたことを表明保証する内容の書面をそれぞれ主たる債務者及び保証人から取得することが考えられる。

Question 26

「保証契約の必要性」及び「保証契約の変更・解除等の見直しの可能性」について、どのような説明をすればよいか？

ガイドライン4項（2）イ～ニの要件に掲げられている要素のどの部分が十分でないために保証契約が必要か、逆に、どの部分を改善すれば保証契約の変更・解除の可能性が高まるのか、を説明する。

● 保証契約の必要性

　金融機関等は、主たる債務者についてガイドライン4項（2）イ～ニの要件（Q15参照）が将来にわたって充足すると見込まれるときは、「経営者保証を求めることが止むを得ないと判断された場合」に該当しないため、経営者保証を求めない可能性、代替的な融資方法を活用する可能性について検討することが求められる。つまり、将来にわたって上記要件を充足する見込みがないことこそが「保証契約の必要性」の内容である。

　ここでのポイントは、ガイドライン4項（2）イ～ニの要件のうち、具体的にどの要件を充足する見込みがないために保証契約が必要なのかについて説明することであり（Q&A5-1）、抽象的に上記要件を充足する見込みがないことを説明するだけでは足りない。例えば、「役員報酬・賞与の金額や支給形態などから、『法人と経営者個人の資産・経理が明確に分離されている』（ガイドライン4項（2）イ）とはいえない」旨説明することになる。

第3章　経営者保証を徴求する際の実務対応

●保証契約の変更・解除等の見直しの可能性

　逆に、保証契約の必要性が解消された場合には、保証契約の変更・解除等の見直しの可能性があることについても保証人に対して説明する必要がある。ここでのポイントも、同様に、ガイドライン4項（2）イ〜ニの要件のうち、主たる債務者において具体的にどの部分について改善されれば、将来にわたって当該要件を充足する見込みがあると評価され、保証契約の変更・解除の可能性が高まるのかを説明することであり、抽象的な説明では不十分である。

──────── 参考Q＆A ────────

Q. 5-1
5（1）イ）及びハ）に「保証契約の必要性」、「経営者保証の必要性が解消された場合には、保証契約の変更・解除等の見直しの可能性があること」とありますが、具体的にどのような説明が求められるのでしょうか。

A.
例えば、4（2）イ）〜ニ）の要件に掲げられている要素のどの部分が十分ではないために保証契約が必要なのか、どのような改善を図れば保証契約の変更・解除の可能性が高まるのかなどを、具体的に説明することが求められます。

Question 27

「保証履行時の履行請求の範囲」について、
どのような説明をすればよいか？

> A 保証債務の履行請求にあたって、形式的に保証金額全額を請求するのではなく、保証履行時の保証人の履行能力を勘案して、合理的な範囲についてのみ請求する、ということを保証契約締結時に説明する。

●説明の趣旨

　履行請求後の保証人の生活の安定や再チャレンジのインセンティブを与えるため、金融機関等は必ずしも保証金額全額について履行請求するのではなく、保証人の履行能力を勘案して、合理的な範囲についてのみ請求すべきであり、このことについて、保証人に対して丁寧かつ具体的に説明するものである。

●説明のポイント

　保証契約の締結にあたっては、形式的に保証金額を融資額と同額とせず、保証人の資産及び収入の状況等を勘案して適切な保証金額を設定する必要があるが（ガイドライン5項(2)）、保証債務の履行請求を行うことができるのは設定された保証金額全額ではなく、合理的な範囲に限られることとなる。その際、個別の事情に応じて、履行請求時の保証人の履行能力が勘案される。

　金融機関等は、この点について保証人に説明しなければならず、主たる債務者の意向も踏まえた上で、保証債務の整理にあたっては、ガイド

第３章　経営者保証を徴求する際の実務対応

ラインの趣旨を尊重し、上記のような対応を含む適切な対応を誠実に実施する旨を保証契約に規定するものとされている（Q29 参照）。

　なお、履行請求時の保証人の履行能力を勘案して履行の範囲が決されるため、保証人に十分な資産がある場合には、保証金額全額の履行請求も認められる。したがって、必ずしも全ての場合で金融機関等が履行の範囲の限定を強いられるわけではない。金融機関等としては、場合によっては、この点について保証人が誤解することのないよう、説明を行うことも必要であろう。

──────────────── 参考Ｑ＆Ａ ────────────────

Q. 5-5
5（2）ロ）に「保証人が保証履行時の資産の状況を表明保証」するとありますが、その際に、保証人は、残高証明書等の資産の状況を示す資料を添付する必要があるのでしょうか。

A.
保証人が保証履行時の資産の状況を表明保証する際には、残高証明書等の資産の状況を示す書類を添付します。

Question 28
保証金額の設定は、どのような考え方に基づき行えばよいか？

形式的に保証金額を融資額と同額とはせず、保証人の資産及び収入の状況、融資額、物的担保等の設定状況等を総合的に勘案し、適切な保証金額を設定するよう努めることが求められる。

● 適切な保証金額の設定

　金融機関等は、保証人と保証契約を締結する際には、経営者保証に関する負担（履行基準の不明確さ、保証の一部履行後の保証債務の残存等）が中小企業の各ライフステージ（創業、成長・発展、早期の再生着手、円滑な事業承継等）における取組意欲を阻害しないよう、形式的に保証金額を融資額と同額とはせず、保証人の資産及び収入の状況、融資額、主たる債務者の信用状況、物的担保等の設定状況、主たる債務者及び保証人の適時適切な情報開示姿勢等を総合的に勘案し、適切な保証金額を設定するよう努めることが求められる（ガイドライン5項（2）、中小企業における個人保証等の在り方研究会報告書4.（2）③）。

● 「形式的に保証金額を融資額と同額とはせず」とは

　このうち、「形式的に保証金額を融資額と同額とはせず」という点については、具体的には以下の取扱いが考えられる（Q&A5-3）。
　① 保証債務の整理にあたっては、ガイドラインの趣旨を尊重し、ガイドライン5項（2）イ及びロで述べる内容（図表参照）を保証契

第3章　経営者保証を徴求する際の実務対応

図表　経営者保証契約で規定すべき内容（ガイドライン5項（2）イ・ロ）

> イ　保証債務の履行請求額は、期限の利益を喪失した日等の一定の基準日における保証人の資産の範囲内とし、基準日以降に発生する保証人の収入を含まない。
>
> ロ　保証人が保証履行時の資産の状況を表明保証し、その適正性について、対象債権者からの求めに応じ、保証人の債務整理を支援する専門家（弁護士、公認会計士、税理士等の専門家であって、全ての対象債権者がその適格性を認めるもの）の確認を受けた場合において、その状況に相違があったときには、融資慣行等に基づく保証債務の額が復活することを条件として、主たる債務者と対象債権者の双方の合意に基づき、保証の履行請求額を履行請求時の保証人の資産の範囲内とする。

約に規定する。

②　物的担保等の経営者保証以外の債権保全の手段が用いられている場合は、当該手段により保全の確実性が認められる額を融資額から控除した額を保証金額とする。

Question 29

適切な保証金額を設定する観点から、保証契約には何を規定することが必要か？

A

保証債務の整理にあたり、保証債務の履行請求額を一定の基準日における保証人の資産の範囲内とするなどの対応を含む、適切な対応を誠実に実施する旨を規定することが必要である。

●保証契約の規定事項

保証契約の締結に際して適切な保証金額を設定するとの観点から、主たる債務者の意向も踏まえた上で、保証債務の整理にあたっては、ガイドラインの趣旨を尊重し、以下のような対応を含む適切な対応を誠実に実施する旨を規定する必要がある。

① 保証債務の履行請求額は、期限の利益を喪失した日等の一定の基準日における保証人の資産の範囲内とし、基準日以降に発生する保証人の収入を含まない（ガイドライン5項（2）イ）。

② 保証人が保証履行時の資産の状況を表明保証し、その適正性について、対象債権者からの求めに応じ、保証人の債務整理を支援する専門家（弁護士、公認会計士、税理士等であって、全ての対象債権者がその適格性を認めるもの）の確認を受けた場合において、その状況に相違があったときには、融資慣行等に基づく保証債務の額が復活することを条件として、主たる債務者と対象債権者の双方の合意に基づき、保証の履行請求額を履行請求時の保証人の資産の範囲内とする（ガイドライン5項（2）ロ）。

第3章　経営者保証を徴求する際の実務対応

　上記①に基づき、保証債務の整理にあたって「保証債務の履行請求額は、期限の利益を喪失した日等の一定の基準日における保証人の資産の範囲内とし、基準日以降に発生する保証人の収入を含まない」ことを保証契約に盛り込む場合、この基準日につき、「保証人がガイドラインに基づく保証債務の整理を金融機関等に申し出た時点（保証人等による一時停止等の要請が行われた場合は、一時停止等の効力が発生した時点）」とする旨を保証契約に明記しておくことで、基準日の到来条件の解釈により、主たる債務者が期限の利益を早期に喪失する事態を減殺できると考えられる（Q&A5-4）。

●保証契約の参考例

　なお、この規定事項に関しては、全国銀行協会から会員各行に対し規定参考例が示されている（次頁図表参照）。

図表　保証契約に規定する規定参考例

○参考例1

【特約条項 保証債務履行時の準則】

　保証人は、本契約書に基づく保証債務の履行において、2013年12月5日に経営者保証に関するガイドライン研究会（全国銀行協会及び日本商工会議所が事務局）が公表した経営者保証に関するガイドライン（公表後の改訂内容を含む。）に則り、責任財産の価額の範囲を財産の評定の基準日における保証人の資産相当額に限定し、当該日付以降に発生する保証人の収入相当額については含めないことを銀行に申し出ること（以下「責任限定申出」という。）ができることとし、銀行は、この申出に対して誠実に対応することとする。なお、保証人は、責任限定申出を銀行に対して行う場合は、保証履行時の保証人の資産の状況を表明及び保証するとともに、その適正性について保証人の債務整理を支援する専門家の確認を受けることとし、その表明及び保証した内容と実際の資産の状況との間に相違があったときは、融資慣行に基づく保証債務の額が復活することを約することとする。

○参考例2

【特約条項 保証債務履行時の準則】

　保証人が、本契約書に基づく保証債務の整理について2013年12月5日に経営者保証に関するガイドライン研究会（全国銀行協会及び日本商工会議所が事務局）が公表した経営者保証に関するガイドライン（公表後の改定内容を含む。以下「ガイドライン」という。）に則った整理を申し立てた場合には、銀行はガイドラインに基づき当該整理に誠実に対応するよう努めることとする。

第３章　経営者保証を徴求する際の実務対応

保証人の資産状況の表明保証と適正性の確認とは？

A　保証人の資産状況に関する保証人の申告内容が真実かつ正確である旨を、保証人自身が表明保証し、その適正性について、保証人が金融機関等の求めに応じて、支援専門家の確認を受けることをいう。

●保証人の資産の状況の表明保証

　ガイドライン５項（2）ロの「保証人が保証履行時の資産の状況を表明保証し」（Q29参照）とは、保証人が、保証債務を履行するにあたり、金融機関等に対して、当該履行をする時点の保証人の資産の状況（資産の種類及び価額等）を申告するにあたり、その内容が真実かつ正確である旨を表明し、保証することをいう。

　なお、保証人がこの表明保証を行うに際しては、残高証明書等の資産の状況を示す書類を添付することになる（Q&A5-5）。

●保証人の資産の状況の適正性に関する確認

　ガイドライン５項（2）ロの「その適正性について…支援専門家…の確認を受け」（Q29参照）とは、保証人が、金融機関等の求めに応じ、保証債務の履行時の保証人の資産の状況に関する保証人の表明保証の内容が適正なものであることについて、弁護士・公認会計士・税理士等の専門家による確認を受けることをいう。

保証人自身による保証人の資産状況の申告には過少申告や資産状況の誤った評価等のおそれがあることから、専門家にもその内容を確認させることよって、その適正性を担保しようとする趣旨である。

なお、保証人が債務整理を支援する専門家の確認を受けた場合は、保証人は、当該専門家から確認を行った旨の書面を入手することになる（Q&A5-6）。

支援専門家の適格性については、当該専門家の経験、実績等を踏まえて、金融機関等が総合的に判断することとなる。ただし、当該専門家が弁護士でない場合には、支援内容が非弁行為とならないように留意する必要もある（Q&A5-7）。また、保証人の代理人弁護士や顧問税理士も支援専門家に含まれる。ただし、主たる債務者と保証人の代理人が同一人物である場合には、両者間の利益相反の顕在化等に留意する必要がある（Q&A5-8）。

第3章　経営者保証を徴求する際の実務対応

「保証債務の額が復活する」のは、どのような場合か？

保証人が表明保証し、支援専門家による適正性の確認を受けた保証人の保証債務の履行時における資産の状況が、事実と異なるものであった場合（例えば、虚偽の申告をしていた場合等）に、保証債務の額が復活する。

●保証債務の額の復活

　ガイドライン5項（2）ロの内容（Q29参照）が保証契約に規定されている場合、「保証人が保証履行時の資産の状況を表明保証し、その適正性について…支援専門家…の確認を受けた場合において、その状況に相違があったとき」に、融資慣行等に基づく保証債務の額が復活する。

　すなわち、保証人が表明保証し、かつ支援専門家による適正性の確認を受けた履行請求時における保証人の資産の状況が、事実と異なるものであった場合に、保証債務の額が復活することになる。

●保証債務の額が復活する場合の具体例

　例えば、保証人が、ある資産を隠していて金融機関等に申告しなかった場合（資産の隠匿を目的とした贈与等があった場合も含まれる。ガイドライン7項（3）⑤ニ参照）や、申告のあった資産の価額が虚偽のものであった場合などがこれに該当するであろう。さらには、保証人が、ある資産が自らの資産であることを知らなかったために申告漏れがあった場合等

の過失による表明保証違反の場合も、形式的には保証債務の額が復活する場合にあたり得る。

　ただし、このような場合に、常に「融資慣行等に基づく保証債務の額」（具体的には、根保証契約の場合の保証極度額や、特定債務保証契約の場合の融資金額。Q&A5-9）が復活するのは保証人に酷であり、保証人の落ち度が小さい場合や、当該資産の額が復活する額に比べて僅少である場合等には、その過失の程度を踏まえ、例えば当該過失により申告が漏れた資産を追加的に弁済に充当することにより、保証債務の額は復活しない等の取扱いを行うことが適当であろう。

参考Q＆A

Q．5-9
5（2）ロ）に「その状況に相違があったときには、融資慣行等に基づく保証債務の額が復活する」とありますが、「融資慣行等に基づく保証債務の額」とは、具体的にはどのような金額なのでしょうか。

A．
融資慣行等に基づく保証債務の額とは、根保証契約の場合は保証極度額を、特定債務保証契約の場合は融資金額をそれぞれいいます。

第３章　経営者保証を徴求する際の実務対応

Question 32

経営者たる保証人に対して保証債務全額の履行請求はできないのか？

A
保証人の資産状況等を勘案した結果、保証債務全額の履行能力があると認められる場合、保証債務全額の履行請求をすることは妨げられない。

●保証債務履行請求の考え方

金融機関等は、経営者と保証契約を締結する場合、「保証履行時の保証人の資産状況等を勘案した上で、（保証債務の）履行の範囲が定められること」を説明することが求められる（ガイドライン５項(1)ロ）。

また、監督指針においても、「保証人…に保証債務…の履行を求める場合には…保証人の履行能力に応じた合理的な負担方法とするなど、きめ細かな対応を行う態勢となっているか」とされている（中小監督指針Ⅱ-11-2(2)）。

●一定の場合には保証債務全額の履行請求をすることも妨げられない

これらのことに照らすと、金融機関等としては、保証債務の履行請求の範囲の検討にあたり、保証履行時の保証人の資産の状況等を勘案する必要があることになるが、その結果、保証債務全額の履行能力があると認められる保証人に対して全額の履行請求をすることまでが妨げられるものではない。

なお、保証債務の整理にあたっては、経営者たる保証人による早期の

81

事業再生等の着手の決断について、金融機関等にも一定の経済合理性が認められる場合に、事業継続等のために必要な生計費や華美でない自宅等が残存資産に含まれ得ることに鑑みれば（ガイドライン7項（3）③）、保証債務の整理の申出のない保証人について、全額の履行請求をすることにより、（全額の履行請求ができない）当該申出をした保証人の残存資産とのバランスも考慮しつつ、合理的な負担額とする配慮が必要であろう。

第4章
経営者保証契約の見直し

Question 33

債務者が既存保証契約の見直しを申し入れる場合、どのような経営状況であることが求められるか？

A 債務者が、イ．法人と経営者との関係の明確な区分・分離、ロ．財務基盤の強化、ハ．財務状況の正確な把握、適時適切な情報開示等による経営の透明性確保を図り、これを将来にわたって維持するよう努める必要がある。

● 一定の経営状況を将来にわたり維持するよう努める必要性

　主債務者及び保証人が、既存保証契約の解除・変更等を申し入れる場合、申入れに先立って、①法人と経営者との関係の明確な区分・分離、②財務基盤の強化、③財務状況の正確な把握、適時適切な情報開示等による経営の透明性確保を図り、これを将来にわたって維持するよう努めることが求められている（ガイドライン6項（1）①、同4項（1）。Q7参照）。

● 具体的に求められる対応

　①法人と経営者との関係の明確な区分については、事業用資産を経営者所有ではなく法人所有とすること（資産の分離）や、事業上の必要性なく法人から経営者への貸付を行わないことが着眼点となる。経営者が所有する法人の事業活動に必要な資産が法人の資金調達のために担保提供されていたり、契約において資産処分が制限されているなど、経営者の都合による売却等が制限されている場合や、自宅が店舗を兼ねている、自家用車が営業車を兼ねているなど、明確な分離が困難な場合において

は、法人が経営者に適切な賃料を支払うことで、実質的に法人と個人が分離しているものと考えられる。また、経営者が個人として使った費用（飲食費等）を法人の経理処理としないこと（経理・家計の分離）等が求められている。（Q&A6-1、Q9 参照）。

　②財務基盤の強化については、主債務者の財務状況や収支予測等に照らして、主債務者の資産・収益力で借入返済が可能と判断できる必要がある（Q7 参照）。

　③経営の透明性確保については、会計参与の設置・外部専門家による監査体制の確立等による社内管理体制の整備や、「中小企業の会計に関する基本要領」等に拠った信頼性のある計算書類の作成、金融機関等に対する財務情報の定期的な報告等が求められている（Q11 参照）。なお、これらについては、公認会計士等の外部専門家による検証を実施し、検証結果を金融機関等に開示することが望ましい（Q&A6-1、Q10 参照）。

Question 34

債務者から既存保証契約の見直しの申入れがあった場合、金融機関等にはどのような対応が求められるか？

改めて経営者保証の必要性や適切な保証金額について、真摯かつ柔軟に検討し、検討結果を丁寧かつ具体的に説明する必要がある。

● 既存保証契約の解除等の申入れがあった場合

金融機関等は、ガイドライン4項（2）に即して、改めて、経営者保証の必要性や適切な保証金額等について、真摯かつ柔軟に検討を行うとともに、その検討結果について丁寧かつ具体的に説明することが求められている（同6項（1）②）。既存保証契約の解除の要否を検討するにあたっては、①主債務者において、法人個人の一体性の解消等が図られている、あるいは、解消等を図ろうとしていること、②同4項（2）イ〜ニの要件（Q15参照）が将来にわたって充足すると見込まれることを確認した上で、主債務者の経営状況、資金使途、回収可能性等を総合的に考慮することが求められる（同4項（2）参照）。

● 既存保証契約の変更等の申入れがあった場合

金融機関等は、申入れの内容に応じて、ガイドライン4項（2）または5項に即して、上記と同様に経営者保証の必要性や適切な保証金額等について真摯かつ柔軟に検討し、その検討結果について丁寧かつ具体的に説明することが求められている（同6項（1）②）。例えば、保証金額

の減額を求められた場合、ガイドライン5項に即した検討を行い、適切な保証金額となるよう、保証人の資産・収入の状況、融資額、主債務者の信用状況、物的担保等の設定状況、適時適切な情報開示姿勢等を総合的に勘案して、保証範囲の減額に応じることができるかを検討することが求められる（同5項（2）参照）。

<参考>ガイドライン4項（2）イ〜ニの内容

イ．法人と経営者個人の資産・経理が明確に分離されている。
ロ．法人と経営者の間の資金のやりとりが、社会通念上適切な範囲を超えない。
ハ．法人のみの資産・収益力で借入返済が可能と判断し得る。
ニ．法人から適時適切に財務情報等が提供されている。

主債務者に事業承継が生じた場合、保証契約の承継に関して金融機関等に求められる対応は？

従来、事業承継時には、機械的に後継者に個人保証の承継を求める慣行があったが、中小企業における後継者不足の一因となっており、このような慣行の見直しが求められている。

●個人保証の承継を求める慣行の弊害

　我が国の金融機関等においては、従来、特に中小企業における事業承継の場面において、後継者の保有資産や会社の財務状況等に関係なく、機械的に前経営者の保証債務の承継を求める慣行があった。

　しかし、このような慣行があることによって、中小企業において事業承継を望む後継者が不足するといった弊害が生じており、中小企業における事業継続を阻害する一因となっている。

●ガイドラインによる上記慣行の見直し

　そのため、ガイドラインは、金融機関等に対して、このような慣行を見直し、主債務者の事業承継時においても、新規融資時に保証契約を締結する場合と同様に、後継者に前経営者の保証債務を承継させることの要否、及び承継を求める保証債務の範囲について、主債務者から必要な情報開示を受けた上で、主債務者の財務内容、後継者の資産状況、物的担保等の設定状況、経営者保証の機能を代替する融資手法の可能性等について、個別具体的に検討するとともに、主債務者及び後継者に対して、

第4章　経営者保証契約の見直し

保証契約の必要性等について丁寧かつ具体的に説明することを要請している（ガイドライン6項（2）②。詳細はQ36、Q37参照）。

　なお、監督指針においても、金融機関等に対して、主債務者の事業承継時において、ガイドラインに従って適切な説明等の対応を行うための態勢の整備を要請している（中小監督指針Ⅱ-3-2-1-2（6）①等）。

＜参考＞中小・地域金融機関向けの総合的な監督指針Ⅱ-3-2-1-2（6）①
　　　　（抜粋）

　特に、借り手企業の事業承継時においては、「経営者保証に関するガイドライン」に基づき、前経営者が負担する保証債務について、後継者に当然に引き継がせるのではなく、必要な情報開示を得た上で、保証契約の必要性等について改めて検討するとともに、その結果、保証契約を締結する場合には、保証契約の必要性等について主債務者及び後継者に対して丁寧かつ具体的な説明を行う態勢が整備されているか。

Question 36 事業承継を機に後継者から経営者保証を徴求しないこととする場合の対応は？

主債務者及び後継者から必要な情報を得た上で、保証契約の必要性等について改めて検討する必要があり、特に事業承継に伴って経営方針や事業計画に変更が生じる場合にはより丁寧な対応が必要である。

●金融機関等において検討すべき事項

　金融機関等は、事業承継時に、機械的に前経営者の保証債務の承継を後継者に対して求めるのではなく、後継者に前経営者の保証債務を承継させる必要があるか否かを個別具体的に検討することが求められている。

　具体的には、主債務者及び後継者から必要な情報を入手し、法人個人の一体性の解消等が図られている（あるいは、解消等を図ろうとしている）こと、ガイドライン4項（2）イ～ニの要件（Q15参照）が将来にわたって充足すると見込まれることを確認した上で、主債務者の経営状況、資金使途、回収可能性等を総合的に勘案し、主債務者の意向も踏まえた上で、ABL等の代替的な融資手法を活用する可能性や保証契約の必要性等について改めて検討することが求められている（同6項（2）②イ、同4項（2））。

　なお、ABLは、金融機関にとっては、企業の在庫や売掛金等を継続的にモニタリングすることを通じて、企業の経営実態をより深く把握することが可能となり、信用リスク管理の強化につながると期待されている融資手法であることから、経営者保証の機能を代替するものと考えら

れる（Q&A4-9 参照）。

●事業承継に伴って経営方針や事業計画等に変更が生じる場合

　後継者から経営者保証を徴求するか否かを検討するにあたり、経営者の交代により経営方針や事業計画等に変更が生じる場合には、金融機関等は、主債務者及び後継者に対し、当該変更の目的及び具体的内容、当該変更が主債務者の財務状況に及ぼす影響等について説明を求め、必要な情報を得た上で判断する必要がある。他方で、主債務者及び後継者には、金融機関等からの情報開示の求めに対して適時適切に対応すること、特に、経営方針や事業計画等の変更については、その点についてより誠実かつ丁寧に説明を行うことが求められている（同6項（2）①イ）。

＜参考＞ガイドライン4項（2）イ～ニの内容

イ．法人と経営者個人の資産・経理が明確に分離されている。
ロ．法人と経営者の間の資金のやりとりが、社会通念上適切な範囲を超えない。
ハ．法人のみの資産・収益力で借入返済が可能と判断し得る。
ニ．法人から適時適切に財務情報等が提供されている。

Question 37

後継者と新たに保証契約を締結する場合、金融機関等はどのような点に留意するべきか？

A 適切な保証金額の設定に努めるとともに、保証契約の必要性等について主債務者及び後継者に対して丁寧かつ具体的に説明することが求められている。

●保証契約を締結する場合の留意事項

　金融機関等において、後継者からの経営者保証の徴求について検討した結果（検討方法についてはQ36参照）、新たに後継者との間で保証契約を締結することとなった場合も、ガイドライン5項に即して、適切な保証金額の設定に努めるとともに、保証契約の必要性等について主債務者及び後継者に対して丁寧かつ具体的に説明することが求められている（ガイドライン6項（2）②イ）。

●適切な保証金額の設定

　保証金額の設定にあたっては、形式的に前経営者の保証債務を承継させるのではなく、後継者の資産及び収入の状況や、融資額、主債務者の信用状況、物的担保等の設定状況、主債務者及び後継者の適時適切な情報開示姿勢等を総合的に勘案する必要がある（Q28、Q29参照）。

●主債務者及び後継者に対する説明事項

　保証契約の締結にあたって主債務者及び後継者に対して説明すべき事

項としては、同4項（2）イ〜ニの要件に掲げられている要素のどの部分が十分ではないために保証契約が必要なのか、どのような改善を図れば保証契約の変更・解除の可能性が高まるのかといった点があげられる（Q25、26、Q&A5-1参照）。

　例えば、事業承継がなされてもなお、同4項（2）イの要件である「法人と経営者個人の資産・経理が明確に分離されている」ことが十分でないために保証契約を必要とするのであれば、「明確に分離されていない」と判断した根拠を示すとともに、明確に分離するための手立てについての説明までも求められるということである。

Question 38

前経営者から自身の保証契約の解除要請があった場合の判断方法は？

イ．前経営者の会社に対する実質的な支配権の有無、ロ．当該保証契約以外の手段による既存債権の保全の状況、ハ．法人の資産・収益力による借入返済能力等を勘案して、適切に判断することが求められている。

●保証契約解除の判断方法

事業承継後、経営を退いた前経営者から保証契約（事業承継後も継続して前経営者が保証人となっている場合の保証契約）の解除要請があった場合、金融機関等は、①前経営者が引き続き実質的な経営権・支配権を有しているか否か、②当該保証契約以外の手段による既存債権の保全の状況、③法人の資産・収益力による借入返済能力等を勘案して、保証契約の解除について適切に判断することとされている（ガイドライン6項(2)②ロ）。

●前経営者の会社に対する経営権・支配権の有無

①経営権・支配権の有無については、前経営者は、実質的な経営権・支配権を有していないことを対象債権者に示すために、前経営者が代表取締役を退任しているだけでなく、支配株主等にも留まることなく、実質的にも法人の経営から退いており、併せて当該法人から報酬等を受け取っていないことが必要とされる。また、前経営者が法人から社会通念

上適切な範囲を超える借入等を行っている場合には、これが返済されることも必要となる（Q&A6-2参照）。

●既存債権の回収に懸念が残る場合の対応

上記②、③に関して、前経営者の保証以外の手段では既存債権の保全が乏しく、かつ、法人の資産・収益力のみでは既存債権の回収に懸念が残る場合に保証契約の解除に応じるためには、前経営者の資産のうち、具体的に保全価値があるものとして金融機関等が認識していた資産と同程度の保全が後継者等から提供されることが必要となる（Q&A6-2参照）。

●債権回収に懸念がなければ解除要請に応じるべき

前経営者が実質的に経営に関与していないということが第一の条件となるが、後継者と契約した経営者保証等による保全措置が十分機能しており、法人の資産・収益力による借入返済能力に問題がない、というような場合においては、前経営者からの保証契約の解除要請に応じないことに合理性はないということである。

第5章
経営者保証債務の履行請求とガイドライン

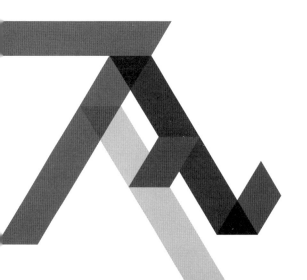

ガイドラインにより保証債務履行請求はどう変わるのか？

> 金融機関等は、保証債務の履行請求にあたり、保証人の資産状況等を勘案する必要があり、保証債務の整理が必要となった際には、保証債務整理手続の成立に向けて誠実に対応していくことが求められる。

● 保証履行請求の範囲の決定

金融機関等は、実際に保証債務の履行請求を行う場合、原則として、一律に保証金額全額を請求するのではなく、保証履行時の保証人の資産状況等を勘案して、履行請求の範囲を決定する必要がある。なお、金融機関等は経営者と保証契約を締結するに際し、この点について主たる債務者と保証人に対して、丁寧かつ具体的に説明することが求められていることには留意が必要である（ガイドライン5項（1）ロ。Q28、Q32参照）。

● ガイドラインに基づく保証債務の整理手続

ガイドラインの適用開始により、保証人たる経営者は、金融機関等から保証債務の履行を求められたとしても、ガイドライン規定の4つの要件を充足していれば（Q42参照）、ガイドラインに基づく保証債務の整理の申出を行うことが可能となる。

保証人から保証債務の整理の申出を受けた場合、金融機関等としては、ガイドラインに基づき、保証債務の弁済計画の策定等の保証債務整理手

第5章　経営者保証債務の履行請求とガイドライン

続の成立に向けて、ガイドライン第2項の準則に即して、誠実に対応していくことが求められる（ガイドライン7項。Q41以下参照）。この点、ガイドライン2項においては、保証債務の整理に関して次のように規定されており、保証債務の整理にあたっては留意が必要となる。

①　主たる債務者、保証人及び対象債権者は、保証債務の整理の過程において、共有した情報について相互に守秘義務を負う（2項（3））。

②　このガイドラインに基づく保証債務の整理は、公正衡平を旨とし、透明性を尊重する（2項（4））。

なお、保証債務整理手続において、金融機関等がガイドラインに従って保証債務の減免・免除を行う場合、保証人及び金融機関等ともに課税関係は生じない（Q&A7-32。Q75参照）。

<参考>無保証融資割合を10％未満から20％以上に引き上げた金融機関の取組み

行内規定の変更を実施。変更前は、「法人と経営者との関係の明確な区分・分離」の要件が満たしていない時点で、他の要件を見ることなく形式的に保証を徴求していたが、変更後は、「法人のみの資産・収益力で借入返済が可能」と判断できた先であれば、原則保証を徴求しないとする運用を行っている。

出所：「経営者保証に関するガイドライン」等の実態調査結果（金融庁）より抜粋

Question 40 ガイドライン適用開始前に履行された保証債務の取扱いは?

A ガイドラインは、ガイドライン適用開始前の保証債務の弁済に対しては、遡及的に適用されない。ただし、ガイドライン適用開始前に締結した保証契約であっても、ガイドラインの適用を受けることができる。

●ガイドライン適用開始前の弁済

ガイドラインは、ガイドライン適用開始前の弁済に対しては、遡及的に適用されない(ガイドライン8項(3))。

そのため、保証人が金融機関等に対し、ガイドラインの適用開始日(2014年2月1日)以前に保証債務の履行として弁済した金額について、返還を求めることはできない。

●ガイドライン適用開始前に締結した保証契約

ガイドラインの適用開始日以前に締結した保証契約であっても、ガイドライン規定の各要件(ガイドライン3項、7項(1))を充足する場合には、既存の保証契約の見直しや保証債務の整理を図る際、ガイドラインの適用を受けることができる(Q&A8-2参照。Q28〜34参照)。

第5章 経営者保証債務の履行請求とガイドライン

Question
41

ガイドラインに基づく保証債務の整理手続の概要は？

A ガイドライン規定の要件を充足する保証人は、保証債務に関する一時停止等を要請した上で、保証債務の弁済計画案を策定し、金融機関等の承認を受け、同弁済計画に基づき保証債務を整理することができる。

●ガイドラインによる保証債務の整理

 ガイドライン7項(1)規定の全ての要件を充足する保証人(Q42参照)は、当該保証人が負担する保証債務について、ガイドラインに基づく保証債務の整理を金融機関等に対して申し出ることができ(Q42参照)、金融機関等は合理的な不同意事由(Q47参照)がない限り、当該債務整理手続の成立に向けて誠実に対応することが求められる(ガイドライン7項(3))。

 ガイドラインに基づく保証債務の整理は、主たる債務と保証債務の一体整理を図る場合(Q45参照)と保証債務のみを整理する場合(Q46参照)の2つに分けられる(ガイドライン7項(2))。

●ガイドラインによる保証債務整理手続の流れ

 保証債務の整理手続において、保証人は、まず、金融機関等に対し、保証債務に関する一時停止(債権者による個別的な権利行使や債権保全措置を一時的に差し控えること)等を要請する必要がある(ガイドライン7

101

図表　保証債務の整理手続の流れ

①保証債務の一時停止・返済猶予の要請（Q48、49参照）

②弁済計画案の策定（Q63、65、74参照）

　・経営者の経営責任のあり方（Q50参照）

　・保証債務の履行基準（残存資産の範囲）（Q51〜58参照）

　・保証債務の減免、期限の猶予その他の権利変更の内容等

③全ての金融機関等による弁済計画案の承認

④弁済計画案に基づく保証債務の履行

⑤弁済計画案の履行後に残存する保証債務の免除（Q66、75参照）

項（3）。Q48、Q49参照）。

その上で、保証人は、支援専門家等の第三者の支援を受けながら（Q74参照）、保証債務の弁済計画案を策定し（Q63、65参照）、当該計画案について全ての金融機関等の承認を得た上で、弁済計画に基づき保証債務を履行することとなる（ガイドライン7項（3））。

また、主たる債務と保証債務の一体整理を図る場合においては、保証債務の弁済計画のみならず、経営者の経営責任の在り方も決定される（ガイドライン7項（3）②。Q50参照）。

弁済計画案では、保証債務の履行基準（残存試算の範囲）（Q51〜58参照）、金融機関等に対して要請する保証債務の減免、期限の猶予その他の権利変更の内容等が記載される（ガイドライン7項（3）④）。

弁済計画案において、保証債務の減免が記載されている場合、保証人が、弁済計画に基づき保証債務の一部を履行した後に残存する保証債務については、減免されることとなる（Q66、75参照）。

第5章　経営者保証債務の履行請求とガイドライン

保証人がガイドラインに基づき保証債務整理を申し出るための要件は？

　　ガイドライン規定の4要件を全て充足する保証人に限り、本ガイドラインに基づく保証債務整理の申出が可能となる。

●準則型私的整理手続の利用時等に申出可能

　下記4要件を全て充足する保証人に限り、ガイドラインに基づく保証債務整理の申出が可能となる（ガイドライン7項（1）イ～ニ参照）。

① 対象保証契約がガイドライン3項記載の全ての要件（図表参照）を充足すること。

② 主たる債務者が、破産手続・民事再生手続・会社更生手続もしくは特別清算手続（法的債務整理手続）の開始申立、または準則型私的整理手続（Q44参照）の申立を、ガイドラインの利用と同時に行っているか、または、同利用までに行っていること。

③ 主たる債務者の資産・債務及び保証人の資産・保証債務の状況を総合的に考慮し、対象債権者にとっても、ガイドラインを利用することに経済的合理性が認められること（ガイドラインを利用したほうが主たる債務及び保証債務の法的債務整理手続による回収見込額よりも多くの回収が可能である場合など）。

④ 保証人に、浪費等の射幸行為により著しく財産を減少させた場合等、破産法上の免責が受けられなくなり得る事由（免責不許可事由、破産法252条1項（同項10号を除く）規定）が生じておらず、生じる

103

図表　ガイドラインの適用対象となり得る保証契約（ガイドライン3項）

（1）保証契約の主たる債務者が中小企業であること

（2）保証人が個人であり、主たる債務者である中小企業の経営者であること。ただし、以下に定める特別の事情がある場合またはこれに準じる場合については、このガイドラインの適用対象に含める。

　①実質的な経営権を有している者、営業許可名義人または経営者の配偶者（当該経営者と共に当該事業に従事する配偶者）が保証人となる場合

　②経営者の健康上の理由のため、事業承継予定者が保証人となる場合

（3）主たる債務者及び保証人の双方が弁済について誠実であり、対象債権者の請求に応じ、それぞれの財産状況等（負債の状況を含む）について適時適切に開示していること

（4）主たる債務者及び保証人が反社会的勢力ではなく、そのおそれもないこと

おそれもないこと。

なお、④の要件に関し、「免責不許可事由が生じていない」とは、保証債務の整理の申出前において、免責不許可事由が生じていないことを指し、「免責不許可事由が生じるおそれもないこと」とは、保証債務の整理の申出から弁済計画の成立までの間において、免責不許可事由に該当する行為をするおそれのないことを指す。免責不許可事由が生じていないことや、そのおそれがないことについては、必要に応じ、例えば、保証人の表明保証により確認することが考えられる（Q&A7-4-2参照）。

第5章　経営者保証債務の履行請求とガイドライン

経営者以外の第三者保証人について、ガイドラインに即して破産手続における自由財産以外の一定の資産を手元に残すことは可能か？

A ガイドラインの趣旨・目的や第三者による保証に対する規制の議論の高まりに照らせば、第三者保証人につき個別事情を考慮してガイドラインを適用することは可能であり、検討すべきと考えられる。

● ガイドラインの趣旨・目的

　ガイドラインは、中小企業金融における保証の弊害を解消し、経営者による思い切った事業展開や経営が窮境に陥った場合における早期の事業再生の促進を図ることをその趣旨・目的としている（ガイドライン1項・2項）。このようなガイドラインの趣旨・目的は、経営者による保証に限って妥当するものではなく、第三者による保証にも妥当する（ガイドライン上も、「このガイドラインは中小企業の経営者（及びこれに準ずる者）による保証を主たる対象としているが、財務内容その他の経営の状況を総合的に判断して、通常考えられるリスク許容額を超える融資の依頼がある場合であって、当該事業の協力者や支援者からそのような融資に対して積極的に保証の申し出があった場合等、いわゆる第三者による保証について除外するものではない」としており、その適用対象から第三者による保証は除外されていない（ガイドライン3項（2）注5））。

●ガイドラインの適用の可否

　ガイドライン上、第三者保証人が早期の事業再生等の着手の決断に寄与した場合は、ガイドラインに即して残存資産を検討するとされている（ガイドライン7項（3）③、Q&A7-18）。

　他方、第三者保証人が早期の事業再生等の着手の決断に寄与していない場合であっても、前記のとおりガイドラインの趣旨・目的は第三者による保証にも十分に妥当すること、また、近年の民法改正に関する議論、金融庁ガイドライン等においても、第三者による保証は極力取得すべきでないとされていることに照らせば、個別事情を考慮した上で、第三者保証につきガイドラインを適用することは可能であると考えられる。金融機関等においては、上記事情並びに顧客とのリレーションシップ及びレピュテーションの重要性を踏まえ、第三者保証に対するガイドラインの適用を積極的に検討すべきである。

Question 44

準則型私的整理手続とは何か？

 法的債務整理手続によらずに、債務者と債権者の合意の下で行われる債務整理手続（広義の「私的整理」）のうち、利害関係のない中立かつ公正な第三者が関与する私的整理手続及びこれに準ずる手続をいう。

●再生支援協議会スキーム等が該当

Q42で解説したとおり、保証人がガイドラインに基づく保証債務整理の申出を行うにあたっては、主たる債務者が法的債務整理手続または準則型私的整理手続の申立を、ガイドラインの利用と同時に行っているか、または、同利用までに行っていることが、一つの要件となっている。

このうち「準則型私的整理手続」とは、法的債務整理手続によらずに、債務者と債権者の合意の下で行われる債務整理手続（広義の「私的整理」）のうち、利害関係のない中立かつ公正な第三者が関与する私的整理手続及びこれに準ずる手続をいう。

準則型私的整理手続の具体例としては、次頁図表に掲げる手続があげられる。

●広義の私的整理における保証債務の減免・免除

したがって、主たる債務者と金融機関等が相対で行う広義の私的整理は、「準則型私的整理手続」には含まれない。ただし、保証人が、合理

図表　準則型私的整理手続の具体例

名称	利害関係のない中立かつ公正な第三者	根拠法令等
中小企業再生支援協議会スキーム	中小企業再生支援協議会（各都道府県に設置）	産業競争力強化法
事業再生 ADR 手続	事業再生実務家協会が推薦し、対象債権者が選任する手続実施者	産業競争力強化法
私的整理ガイドライン	対象債権者が選任する専門家アドバイザー	私的整理に関するガイドライン
RCC 企業再生スキーム	株式会社整理回収機構（RCC）	株式会社整理回収機構法
地域経済活性化支援機構スキーム	株式会社地域経済活性化支援機構（REVIC）	株式会社地域経済活性化支援機構法
特定調停手続	裁判所	特定調停法

的理由に基づき、支援専門家等の第三者の斡旋による当事者間の協議等に基づき、全ての対象債権者との間で弁済計画について合意に至った場合には、金融機関等が、ガイドラインの手続に即して、残存する保証債務の減免・免除を行うことは可能である（Q&A7-2参照）。

第5章　経営者保証債務の履行請求とガイドライン

Question 45

主債務と保証債務の一体整理は、どのような流れで行われるか？

A　主債務と保証債務の一体整理は、イ．保証債務の一時停止・返済猶予の要請、ロ．弁済計画案の策定、ハ．全ての金融機関等による同計画案の承認、ニ．同計画案に基づく保証債務の履行、ホ．同計画案履行後に残存する保証債務の免除という流れで行われる。

●準則型私的整理手続に基づき保証債務も整理

　主債務者について準則型私的整理手続を利用する場合、主債務と保証債務の一体整理が可能であるため、原則として、保証債務についても準則型私的整理手続を利用し、主債務と保証債務の一体整理を図ることとされた（ガイドライン7項(2)イ）。なお、主債務者について法的債務整理手続が申し立てられる場合には、主債務と保証債務の一体整理が困難であるため、保証債務のみ整理の対象となる（ガイドライン7項(2)本文）。

　主たる債務と保証債務の一体整理の流れは、概要、図表のとおりである。弁済計画の策定と、策定した弁済計画案について、全ての金融機関等による承認が必要になっている点に留意が必要である。

109

図表　主たる債務と保証債務の一体整理の流れ

①保証債務の一時停止・返済猶予の要請（Q48、49 参照）

　・原則として、主債務者・保証人・支援専門家が連名で行う

②弁済計画案の策定

　・支援専門家等の策定支援を受けつつ、弁済計画案を策定

　・主債務者の弁済計画の中で、保証債務の取扱いについても規定

　・経営者の経営責任のあり方（Q50 参照）

　・保証債務の履行基準、残存資産の範囲等保証債務の弁済の内容（Q51 ～ 66 参照）

③全ての金融機関等による弁済計画案の承認

④弁済計画案に基づく保証債務の履行

⑤弁済計画案の履行後に残存する保証債務の免除

　（弁済計画案に保証債務の免除を含む場合）

第5章 経営者保証債務の履行請求とガイドライン

保証債務のみを整理する場合、どのような方式で行われるか？

A 主たる債務と保証債務の一体整理が困難な場合は、保証債務のみを整理することが可能な準則型私的整理手続を利用する。ただし、支援専門家等の第三者の斡旋による当事者間の協議等を利用し、準則型私的整理手続を利用しないことも可能である。

●保証債務のみを整理する場合とは

　主たる債務と保証債務の一体整理が困難な場合には、保証債務のみを整理することになる。このような場合としては、例えば、主たる債務についての債務整理手続がすでに終結し、あるいは終結間近であるなど、保証債務との一体整理が時期的に困難な場合が考えられる。なお、保証人が、主たる債務の債務整理手続の終結後に保証債務の整理を開始した場合は、ガイドライン上、金融機関等は、保証人が手元に残すことのできる残存資産の範囲の拡張を検討する必要はないものとされている（Q&A7-20参照）。

●利用すべき準則型私的整理手続

　保証債務のみを整理する場合、原則として、適切な準則型私的整理手続（Q44参照）を利用する（ガイドライン7項（2）ロ）。なお、保証債務のみを整理することが可能な手続は、特定調停や個人債務者の私的整理に関するガイドラインに限定される。

111

●準則型私的整理手続を利用しない場合

保証人が所定の要件を満たす弁済計画を策定し、合理的理由に基づき、準則型私的整理手続を利用することなく、支援専門家等の第三者の斡旋による当事者間の協議等に基づき、全ての金融機関等との間で合意に至った場合、同弁済計画に基づく保証債務の整理が可能となる（ガイドライン7項（3）④ロ）。保証債務のみを整理する場合、実際にはこの方式か、特定調停を利用するかのいずれかが選択されることが多いと思われる。

第5章　経営者保証債務の履行請求とガイドライン

Question
47

ガイドラインに基づく保証債務整理の要請を謝絶できる合理的理由とは？

A　保証人が、ガイドライン所定の適格要件を充たしていない場合や、ガイドライン所定の債務整理手続を遵守しない場合などには、ガイドラインに基づく円滑な債務整理手続の実施が困難であることから、保証債務整理の要請を謝絶できる合理的理由に該当する。

●ガイドラインに適さない保証人からの要請は謝絶可能

　ガイドラインは、主たる債務者、保証人及び金融機関等の継続的かつ良好な信頼関係を前提として策定されたものである（ガイドライン1項参照）。そして、保証債務の整理においても、金融機関等は合理的な不同意事由がない限り、当該債務整理手続の成立に向けて誠実に対応するとされている（ガイドライン7項（3））。

　例えば、保証人が、①ガイドライン所定の適格要件（ガイドライン7項（1））を充足しない場合、②債務整理着手前や一時停止前の悪質な私的流用や財産状況について適切な開示がされなかったり、債務整理着手後や一時停止後に無断で財産を処分したり、適時適切な情報開示を行わなかったりするなどガイドライン所定の手続を遵守しない場合においては、ガイドラインに基づく円滑な債務整理手続の実施は困難であり、金融機関等には保証債務整理の要請を謝絶できる合理的な理由があると考えられる（Q&A7-7参照）。

Question 48

保証債務に関する一時停止や返済猶予の要請とは何か?

保証債務に関し、債権者による個別的な権利行使や債権保全措置を一時的に差し控えること、保証人に対して期限の利益を付与し、債務の返済猶予を要請することをいう。

●一時停止・返済猶予の意義・目的

一時停止とは、債権者による個別的な権利行使や債権保全措置を一時的に差し控えることをいう。また、返済猶予とは、一時停止のうち、債務者に対し期限の利益を付与し、債務の返済を猶予することをいう。これらは、債権者の債権および債務者の資産について現状を凍結し、特定の債権者のみが債権を保全・回収するような不公平な事態の発生を防止するとともに、債務整理手続の円滑な遂行を可能にしようとするものである。

保証債務に関する一時停止・返済猶予は、保証債務に関して上記の期限の利益の付与等を生じさせることを目的として行われる。

●全ての金融機関等に対して同時に行われる

金融機関等の間での公平を図るために、一時停止や返済猶予の要請は全ての金融機関等に対して同時に行われる(ガイドライン7項(3)①ロ参照)。

第5章　経営者保証債務の履行請求とガイドライン

●金融機関等が一時停止要請を応諾した場合の効果

　一時停止要請を応諾した金融機関等は、債権回収（弁済の請求・受領、相殺権の行使、担保権の実行、強制執行など）、担保権の設定、法的整理手続の申立その他手続の円滑な進行を妨げる行為を行わず、保証債務整理手続の成立に向けて協力することが求められる。

●一時停止要請を行った保証人の資産処分・債務負担

　ところで、一時停止等の要請後に、保証人が、資産の処分や新たな債務の負担を行った場合は、金融機関等は、保証人に対し説明を求めたうえで、当該資産の処分代金を弁済原資に含めることを求めることや、当該処分等をガイドライン7項（3）の「合理的な不同意事由」として、当該資産の処分等を行った保証人に関する債務整理に同意しないといった対応をとることなどが考えられる（Q&A7-12参照）。

115

Question 49

保証債務に関する一時停止・返済猶予の要請があった場合、金融機関等はどのように対応するべきか？

A 金融機関等は、保証債務に関する一時停止・返済猶予の要請がガイドライン所定の要件を充足すると判断される場合には、当該要請に対して、誠実かつ柔軟に対応する。

● ガイドラインの定める要件

保証債務に関する一時停止・返済猶予の要請（Q48参照）は、以下の全ての要件を充足する必要がある（ガイドライン7項（3）①）。

① 原則として、主債務者、保証人（ガイドラインの適用対象となる保証人に限る）、支援専門家が連名した書面によるものであること（ただし、(i) 全ての対象債権者の同意がある場合及び (ii) 保証債務のみを整理する場合（Q46参照）で当該保証人と支援専門家が連名した書面がある場合はこの限りでない）。

② 全ての対象債権者に対して同時に行われていること。

③ 主たる債務者及び保証人が、手続申立前から債務の弁済等に関して誠実に対応し、対象債権者との間で良好な取引関係が構築されてきたと対象債権者により判断され得ること。

なお、主債務者の経営者の経営責任の明確化は、一時停止・返済猶予の要請についての要件とはされておらず、この段階では考慮することは想定されていない（ガイドライン7項（3）②参照）。

第５章　経営者保証債務の履行請求とガイドライン

●金融機関等の対応

　当該要請が上記要件を全て充たす場合、金融機関等は、保証債務に関し一時停止や返済猶予（Q48 参照）に応じるよう努める必要がある。金融機関等が当該要請について応諾すると、そのときから一時停止等が開始することになる。一時停止等の要請が、債権者集会等において行われた場合においては、当該集会に参加した全ての金融機関等が当該要請を応諾したときから開始することになる。（Q&A7-11 参照）。

―――――――――― 参考Ｑ＆Ａ ――――――――――

Q. 7-9
一時停止等の要請は、支援専門家等が連名した書面により行うこととなっていますが、対象債権者による当該支援専門家の適格性の判断はいつ行われるのでしょうか。

A.
対象債権者による支援専門家の適格性の判断は、ガイドラインに基づく債務整理についての相談や一時停止等の要請を保証人から受けたときや、対象債権者が当該要請の応否の判断を行うとき等に行われます。

117

Question 50

ガイドラインに基づく保証債務の整理を行う場合、経営者責任のあり方は？

A 経営者の交代に関しては、総合的な観点から、当該経営者が引き続き経営に携わることに一定の経済合理性が認められるかどうかにより判断する。当該経営者が引き続き経営に携わる場合には、上記判断の中で、その責任の明確化を図る。

●経営者留任の許否

中小企業においては、その事業の再生につき従来の経営者が携わる必要性が高いケースが多く、私的整理に至ったことのみをもって一律かつ形式的に経営者の交代を求めることは妥当ではない。したがって、準則型私的整理手続申立時の経営者が引き続き経営に携わることの許否については、法的債務整理手続における経営責任の議論も踏まえ、以下の点を総合的に勘案し、一定の経済合理性が認められるかどうかにより判断する（ガイドライン7項(3)②）。

① 主たる債務者が窮境に陥った原因及びそれに対する経営者の帰責性

② 経営者及び後継予定者の経営資質、信頼性

③ 経営者の交代が主たる債務者の事業の再生計画等に与える影響

④ 準則型私的整理手続における対象債権者による金融支援の内容

①については、経営者の帰責性が甚大でないこと、②・③については、後継者及び後継予定者の経営資質や信頼性が十分でなく、経営者を交代させることにより事業再生が円滑に進まなくなる可能性が高いこと、が

判断材料になろう。

●経営者が留任する場合の責任の明確化

　上記判断の結果、経営者が留任する場合については、その責任の明確化を図ることが求められる。具体的には、上記①の帰責性等をふまえた総合的な判断の中で、保証債務の全部または一部の履行、役員報酬の減額、株主権の全部または一部の放棄、会社に対する債権の放棄、代表者からの退任等により明確化を図る必要がある。

Question 51

保証人の手元に残すことのできる残存資産の考え方は？

A ガイドラインに基づく保証債務の整理手続において、金融機関等は、保証人が手元に資産を残す必要性等を踏まえて、残存資産の範囲を検討することが求められる。

● 安定した事業継続等を目的とする場合に申出可能

　金融機関等は、保証人の破産手続において、破産法において自由財産と認められる資産（民事執行法において差押禁止財産と定められている資産を含む）を除き、原則として、保証人の有する全ての資産を保証債務の引当にすることが可能である。しかし、ガイドラインに基づく保証債務の整理手続において、金融機関等は、保証人が手元に資産を残す必要性等を踏まえて、残存資産の範囲を検討することが求められる。

　すなわち、保証人が、安定した事業継続等のために必要な一定の資産について残存資産に含めることを希望し、その必要性等について金融機関等に説明した場合（ガイドライン7項(3)③a）、金融機関等は、保証人の希望を真摯かつ柔軟に検討することが求められる（同b。Q54）。

● 残存資産の範囲の考え方

　金融機関等としては、保証人の従前の保証債務の履行状況、債務不履行に至った経緯等への帰責性等を勘案しつつ（ガイドライン7項(3)③イ～ホ）、経営者たる保証人が主債務者たる法人の早期の事業再生等の

第5章　経営者保証債務の履行請求とガイドライン

着手を決断したことなども考慮して、主債務と保証債務を一体として経済合理性が認められる場合には、一定期間の生計費に相当する額や華美でない自宅等を保証人の残存資産に含めることを検討する必要がある（Q58）。

なお、保証人が、主債務の整理手続の終結後に保証債務の整理を開始した場合には、自由財産の範囲となるとされる（Q&A7-20）。

＜参考＞主たる債務者の実質的な事業継続に最低限必要な資産

　主たる債務者の債務整理が再生型手続の場合で、本社、工場等、主たる債務者が実質的に事業を継続する上で最低限必要な資産が保証人の所有資産である場合は、原則として保証人が主たる債務者である法人に対して当該資産を譲渡し、当該法人の資産とすることにより、保証債務の返済原資から除外する。

　なお、保証人が当該法人から譲渡の対価を得る場合には、原則として当該対価を保証債務の返済原資とした上で、保証人の申出等を踏まえつつ、残存資産の範囲を検討する。

Question 52

残存資産の範囲決定に際して求められる表明保証及び適正性の確認とは?

A 保証人が、資産を手許に残すことを希望する場合には、保証人の資力に関する情報を誠実に開示し、その内容の正確性につき表明保証を行うとともに、支援専門家が適正性を確認する必要がある。

●保証人による表明保証

保証人は、資産を手許に残すことを希望する場合、当該資産を手許に残す必要性や保証人が早期の事業再生等の着手を決断したことなどを踏まえ経済合理性の有無を判断できるよう、金融機関等に対して、保証人の資力に関する情報を誠実に開示することが求められる。

そして、ガイドラインにおいては、保証人が開示した情報の真実性・正確性を担保するため、保証人に対し、金融機関等に開示した情報の内容の正確性について表明保証を行うことが求められている。そのため、資産を手許に残すことを希望する保証人は、上記資産の開示に際し、その資産の内容の正確性について表明保証を行う内容の書面等を差し入れる必要がある。

●支援専門家による適正性の確認

金融機関等は、保証人の支援専門家(弁護士等)に対し、保証人の行った表明保証の適正性の確認を行い、金融機関等に対して報告することを求めることができる。この場合、支援専門家は、保証人の財産状況に関

第5章　経営者保証債務の履行請求とガイドライン

する報告書等を提出する必要がある（以上につき、ガイドライン7項(3)③）。

●**表明保証違反の場合の追加弁済（解除条件付免除）**

　保証人が自己の財産に関し虚偽の情報を開示する可能性も否定できないことから、弁済計画案において、保証人が表明保証した情報が虚偽であることが判明した場合（保証人の資産の隠匿を目的とした贈与等が判明した場合を含む）、金利を含めた追加弁済を行うなどの条項を設けることが必要である（ガイドライン7項（3）⑤ニ）。

―――――――――――　参考Q＆A　―――――――――――

Q. 5-5
5（2）ロ）に「保証人が保証履行時の資産の状況を表明保証」するとありますが、その際に、保証人は、残高証明書等の資産の状況を示す資料を添付する必要があるのでしょうか。

A.
保証人が保証履行時の資産の状況を表明保証する際には、残高証明書等の資産の状況を示す書類を添付します。

Question 53 保証人が表明保証を行った資力の状況が事実と異なることが判明した場合どうなるか？

A 表明保証違反が判明した場合、保証人は免除された保証債務及び延滞利息を支払う必要がある。これには保証人の過失による場合も含まれるが、異なる取扱いをすることも可能である。

●表明保証違反の場合の追加弁済

保証債務の免除を行う場合、保証人が開示し、その内容の正確性について表明保証を行った資力の状況が事実と異なることが判明した場合（保証人の資産の隠匿を目的とした贈与等が判明した場合を含む）には、免除した保証債務及び免除期間分の延滞利息も付した上で追加弁済を行うことを、保証人と対象債権者との間で書面で合意することが要件になっている（ガイドライン7項（3）⑤ニ）。

これは、保証人が自己の財産に関して虚偽の情報を開示することを防止するために定められたものである。

●過失による表明保証違反

保証人の過失により、表明保証を行った資力の状況が事実と異なる場合であっても、上記の表明保証違反となる。

もっとも、過失の程度を踏まえ、保証人と対象債権者との合意により、表明保証の対象外となっていた資産を追加的に弁済に充当することにより、免除の効果は失効しない取扱いとすることも可能である。また、そ

のような取扱いをすることについて、保証人と対象債権者との間で、書面で契約しておくことが考えられる（Q&A7-31）。

　保証債務の免除の効力が失効すると、保証人は、免除された保証債務に免除期間分の延滞利息も付した上で追加弁済を行うこととなり、保証人に大きな影響が及ぶため、表明保証の対象外となっていたことがやむを得ないと判断されるような場合には、上記のような取扱いを検討すべきである。

<参考＞無保証融資割合を30％以上から50％以上に引き上げた金融
　　　機関の取組み

　チェックリストでは、債務超過や赤字体質ではないなどの分かりやすい判断項目としている。さらに、経営者と十分なリレーション通じて把握した内容や、事業性評価の内容を取り入れて、要件を十分に満たしていない状況であっても、これらの内容を勘案することで総合的な判断が行える運用を行っている。

出所：「経営者保証に関するガイドライン」等の実態調査結果（金融庁）
　　　より抜粋

Question 54

残存資産の範囲を決定するために、どのような事項を勘案する必要があるか？

残存資産の範囲を検討するにあたっては、保証人が主債務者たる法人の早期の事業再生等の着手を決断したことにつき、経済合理性が認められるか否かを重視すべきである。

●残存資産の範囲決定のために勘案すべき事項

金融機関等は、保証人の手元に残すことのできる残存資産の範囲を決定するにあたり、以下のような点を総合的に勘案する必要がある（ガイドライン7項（3）③イ～ホ）。

① 保証人の保証履行能力や保証債務の従前の履行状況
② 主債務が不履行に至った経緯等に対する経営者たる保証人の帰責性
③ 経営者たる保証人の経営資質、信頼性
④ 経営者たる保証人が主債務者の事業再生等に着手した時期等が事業の再生計画等に与える影響
⑤ 破産手続における自由財産の考え方や民事執行法に定める標準的な世帯の必要経費の考え方の整合性

●早期事業再生による経済合理性が重要

ガイドラインは、経営者たる保証人に対して、主債務者たる法人の早期の債務整理に着手するインセンティブを与えることが一つの目的といえることから、残存資産の範囲を検討するにあたっては、上記④に関連

第5章 経営者保証債務の履行請求とガイドライン

して、経営者たる保証人が主債務者たる法人の早期の事業再生等の着手を決断したことにつき、経済合理性が認められるか否かを最も重視すべきと考えられる。そして、主債務が再建型法的整理や準則型私的整理手続を遂行している場合には、主債務者が破産に追い込まれることなく事業継続が可能となることから、経営者たる保証人が主債務者たる法人の早期の事業再生等の着手を決断したことにつき、経済合理性が認められることが一般的である。

そのため、金融機関等としては、主債務と同時に保証債務の整理手続を行っている場合には、原則として、保証人の残存資産を広く認めるべきと考えられる。

――――――――― 参考Ｑ＆Ａ ―――――――――

Q. 7-17
7（3）③について、経営者の安定した事業継続等のため、一定期間の生計費に相当する額を保証人の手元に残すことのできる残存資産に含めることを検討するとありますが、経営者たる保証人が経営者を退任する場合においても、このガイドラインの対象となるのでしょうか。

A.
経営者たる保証人が経営者を退任する場合においても、このガイドラインの対象となります。

残存資産の範囲決定に際しての経済合理性の判断方法は？

残存資産の範囲決定に際しては、保証債務単体ではなく、主債務と保証債務を一体として、経済合理性の有無を判断する。

●**主債務と保証債務を一体として判断**

　金融機関等は、保証人が主債務者の早期の事業再生等の着手を決断した場合、主債務者からの回収額が増加した範囲内において、保証人の残存資産を広く認めることを検討する必要がある。

　経済合理性の有無は、主債務と保証債務を一体として判断すべきものとされる（ガイドライン7項（3）③、Q&A7-13）。

●**経済合理性の判断方法**

　主債務者の整理手続が「再生型手続」であり、「自力再生」を図る場合、①が②を上回る場合（①＞②）には経済合理性があると判断される。

　①　主債務及び保証債務の弁済計画案に基づく回収見込額の合計金額
　②　現時点において主債務者と保証人が破産手続を行った場合の配当見込額の合計額

他方、主債務者が「第二会社方式」で再生を図る場合、③が④を上回る場合（③＞④）には経済合理性があると判断される。

　③　会社分割（事業譲渡を含む）後の承継会社からの回収見込額及び清算会社からの回収見込額並びに保証債務の弁済計画案に基づく回

第 5 章　経営者保証債務の履行請求とガイドライン

収見込額の合計額

④　現時点において主債務者と保証人が破産手続を行った場合の配当
見込額の合計額

なお、主債務者の整理手続が「清算型手続」の場合、⑤が⑥を上回る
場合（⑤＞⑥）には経済合理性があると判断される。

⑤　現時点において清算した場合における主債務及び保証債務の弁済
計画案に基づく回収見込金額の合計金額

⑥　過去の営業成績等を参考に清算手続が遅延した場合の将来時点に
おける主債務及び保証債務の回収見込額の合計金額

＜参考＞無保証融資割合を 10％未満から 20％以上に引き上げた金融
機関の取組み

　チェックシートの改定を行い、各要件の具体的な判断基準を示すとと
もに、中堅企業又は正社員が 50 名以上の中小企業については、「法人
と経営者との関係の明確な区分・分離」の要件は満たしているものとす
るなど、取引先の実情を踏まえた運用を行っている。

出所：「経営者保証に関するガイドライン」等の実態調査結果（金融庁）
より抜粋

Question 56

残存資産の価額はどのように評価するか？

A 残存資産は、保証人について破産手続を行ったと仮定した場合の換価価値（清算価値）を基準として評価する。

●評価の基準

　金融機関等において、主債務とあわせて保証債務についての弁済計画案の経済合理性を検討するにあたっては、保証人について破産手続が行われたと仮定した場合の換価価値と比較して行うことになる。そのため、保証人の弁済計画案において財産の評定は、財産を処分するものとして行うとされている（ガイドライン7項（3）④イ）b)。

　これは、通常の売買価格（市場価格）ではなく、処分価格（清算価値）を基準として評価するというものであり、残存資産についても同様に処分価格（清算価値）を基準として評価し、経済合理性や残存資産とすることの必要性を検討することになる。また、処分・換価の代わりに、処分・換価対象資産の「公正な価額」に相当する額を弁済する弁済計画案もありうるところ（ガイドライン7項（3）④ロ））、この「公正な価額」も同様に処分価格（清算価値）を基準として評価することになる。

●評価の具体例

　たとえば、保証人所有の不動産について不動産鑑定士による鑑定評価が行われた場合には、当該不動産の評価額は、いわゆる「正常価格」で

はなく、「早期処分価格」を基準に検討することになる。

　また、保証人所有の不動産について、対象債権以外の債権（たとえば、住宅ローン）のための担保権が設定されており、当該担保権の被担保債権の残高が当該不動産の処分価格（清算価値）を上回っている（いわゆる「オーバーローン」の状態にある）場合、当該不動産の価値は0として評価することになる。

<参考>事業承継時の二重徴求割合を50%超から10～20%未満と
　　　引き下げた金融機関の取組み

　旧経営者の保証解除について、代表権の有無や株式保有割合等をもとに判断基準を明確化し、営業現場が判断しやすい体制を整えている。また、二重徴求後も年に1回は経営者の経営関与の実態等を確認し、保証要否判断を行うこととしている。

出所：「経営者保証に関するガイドライン」等の実態調査結果（金融庁）
　　　より抜粋

Question 57

破産手続による場合よりも保証人の資産の売却額が増加すると見込まれる場合、回収見込額の増加額はどのように考慮するか？

増加が見込まれる売却額を前提とした保証債務の弁済計画案に基づく回収見込額に基づき、経済合理性の有無を判断することになる。

●原則－清算価値での評価

Q56のとおり、弁済計画案の策定や経済合理性の検討においては、処分価格（清算価値）で評価することが原則となる。

●例外－資産の売却額の増加が合理的に見込まれる場合

例外的に、保証債務の弁済計画案において処分予定（処分し、処分代金を保証債務の弁済原資とする予定）の資産について、保証人の資産の売却額が、現時点において保証人が破産手続を行った場合の保証人の資産の売却額に比べ、増加すると合理的に考えられる場合、弁済計画案に基づく保証債務の回収見込額は、増加見込の売却額を前提とした金額となる。

この場合であっても、保証人に破産手続が開始したと想定した場合の回収見込額は、増加を見込まない売却額を前提として算定することになる（Q&A7-16）。

具体的には、Q55で説明した経済合理性を判断する計算式において、

第５章　経営者保証債務の履行請求とガイドライン

保証債務の弁済計画案に基づく回収見込額は、増加すると見込まれる売却額を弁済総額に含めて回収額を計算し、保証人が破産手続を行った場合の配当見込額は、増加を考慮しない売却額のみを配当原資に含めて配当額を計算する。

　同じ資産ではあるものの、どのような売却活動を行うかによって売却額に差異が生じることはありうることであるため、金融機関等としては、上記のとおり算定した回収見込額を前提として、経済合理性の有無を判断することになる。

─────────── 参考Ｑ＆Ａ ───────────

Q. 7-16
7（3）③に記載されている「回収見込額の増加額」とは、具体的にはどのように算出するのでしょうか。

A.
主たる債務者が再生型手続の場合、合理的に見積もりが可能な場合には、①から②を控除して算出します。
　①主たる債務の弁済計画（案）に基づく回収見込額
　②現時点において主たる債務者が破産手続を行った場合の回収見込額
※保証人の資産の売却額が、現時点において保証人が破産手続を行った場合の保証人の資産の売却額に比べ、増加すると合理的に考えられる場合は、当該増加分の価額も加えて算出することができます。

（以下略）

133

保証人の残存資産として認められる範囲は？

 保証人の残存資産としては、「一定期間の生計費に相当する額」や「華美でない自宅」等を検討する必要があるが、個別の事情を勘案し、回収見込額の増加額を上限として、上記の目安を超える資産を残存資産とすることも可能である。

● 「一定期間の生計費に相当する額」「華美でない自宅」の考え方

　保証人の残存資産としては、「一定期間の生計費に相当する額」や「華美でない自宅」等を含めることを検討する必要がある（ガイドライン7項(3)③、Q&A7-14）。

　「一定期間の生計費に相当する額」の検討にあたっては、「一定期間」については、雇用保険の給付期間の考え方（図表参照）等を参考とし、1月あたりの「標準的な世帯の必要生計費」については、民事執行法施行令で定める額（33万円）を参考にするものとされるが、具体的な金額は個別事案ごとに判断する必要がある。

　「華美でない自宅」については、主債務者の安定した事業継続や生活基盤（居住の必要性）確保等のために必要な場合には残存資産に含めることが可能であり、一般的であるといえる。

● 一定期間の生計費に相当する額、華美でない自宅以外の資産

　「華美でない自宅」に該当しない自宅であっても、特に居住の必要性

第5章　経営者保証債務の履行請求とガイドライン

図表　雇用保険の給付期間

保証人の年齢	給付期間
30 歳未満	90 日～ 180 日
30 歳以上 35 歳未満	90 日～ 240 日
35 歳以上 45 歳未満	90 日～ 270 日
45 歳以上 60 歳未満	90 日～ 330 日
60 歳以上 65 歳未満	90 日～ 240 日

がある場合等には、当該自宅の公正価額（担保権が設定されている場合、公正価額から担保権による優先弁済額を控除した残額）の分割弁済の受入れも検討すべきといえる。それ以外の自家用車、解約返戻金、保証金、保有資産の換価処分代金等の資産についても、保証人の生活の再建のため、経済合理性が認められる範囲において、残存資産の範囲に加えることも積極的に検討すべきと考えられる（Q&A7-14、7-14-2）。

●残存資産の範囲拡張の上限

　主債務者が再生型手続の場合、破産手続等の清算型手続に至らなかったことによる金融機関等の回収見込額の増加額、主債務者が清算型手続の場合、当該手続の早期着手による、保有資産等の劣化防止に伴う回収見込額の増加額が、残存資産の範囲拡張の上限とされている。

135

Question 59

自宅の取扱いはどのようにすべきか？

> **A** 「華美でない自宅」に該当するか否か及び担保権の設定状況等を総合的に考慮の上、残存資産に含めるか否かを個別具体的に検討する必要がある。

●「華美でない自宅」の意義

「華美でない自宅」に該当するか否かの判断基準は、ガイドライン及びQ&Aにおいて明示されていないが、面積や築年数、評価額等のほか、当該保証人及びその家族にとって当該自宅に居住する必要性（生活基盤の確保）、地域性、権利関係及び担保設定状況等を総合的に考慮した上で、個別具体的に判断する必要がある。

特に、当該自宅に居住する必要性については、ガイドラインの趣旨に則り、重視すべき要素である。

●具体的な検討方法

自宅については処分価格（担保権が設定されている場合には、当該処分価格から担保権による優先弁済額を控除した余剰価値）を評価額として、「華美でない自宅」に該当するか否かを検討することになる。また、「華美でない自宅」に該当しない場合であっても、保証人の希望や居住の必要性がある場合、当該自宅の売却に代えて、当該自宅の公正価額（処分価格）の分割弁済の受入れも検討すべきである。この際、弁済条件については、

保証人の収入等を勘案しつつ、保証人の生活の経済的再建に支障を来すことのないよう定めることとされる。

　他方、自宅に担保権が設定されており、余剰価値がない場合、仮に保証人について破産手続が開始されたとしても当該自宅が金融機関等に対する弁済原資になることはないから、「華美」であるか否かの判断は重要ではなく、保証人の希望を踏まえた上で、担保権者として、自宅の公正価額（処分価格）について分割弁済を受入れるか否かを検討すべきである。

　なお、住宅ローン債権者については、対象債権者ではないことから、従前と同様に支払いを継続することが多いといえる。

Question 60

金融資産の取扱いはどのようにすべきか？

一定期間の生計費を超える現預金や、解約返戻金型の医療保険や生命保険等に基づく解約返戻金が存在する場合には、将来における現預金の必要性や当該保険契約を維持する必要性等を個別具体的に考慮の上、残存資産に含めることが可能である。

●金融資産に関する残存資産の範囲

　ガイドラインにおいては、金融資産のうち、破産手続における自由財産（現金99万円以下、預貯金合計20万円以下、医療保険や生命保険等の解約返戻金の合計額が20万円以下等）は当然に残存資産に含まれるが、これらに加えて、一定期間の生計費に相当する現預金を目安として、残存資産の範囲に含めることを検討することが可能とされている（一般的に生計費は残存資産とされる）。

●残存資産の範囲拡張の必要性

　保証人の具体的な状況によっては、上記の金融資産を残存資産に含めるだけでは保証人の生活保障にとって不十分な場合もある。このため、上記に加えて、保証人の生活状況、今後の収入見込み及び保険契約等維持の必要性等を考慮した上で、「その他の資産」として、一定期間の生計費を超える現預金や解約返戻金型の医療保険契約等についても、残存資産に含めることを検討するべきである。

第5章　経営者保証債務の履行請求とガイドライン

　具体的には、保証人本人及び家族の生活費を確保する必要がある場合、保証人本人または家族において療養が必要であり、保険契約の解約が困難な場合、保証人本人または家族において介護専門施設に入所する必要性があるなど、今後、生活を行っていく上で通常よりも多くの現預金を保持しておくことが必要不可欠な場合等には、一定の生計費を超える現預金や解約返戻金型の保険契約等についても残存資産に加えることも積極的に検討すべきである（Q&A7-14、7-14-2）。

Question 61

売却困難な不動産の取扱いはどのようにすべきか？

A 保証人及び対象債権者において、一定期間、合理的な売却努力を行ったにもかかわらず、売却ができない場合には、換価を要せず、弁済原資に含めないものとすることも残存資産の範囲拡張の一類型として許されると考えられる。

●不動産の取扱い

保証人が無担保の不動産を所有している場合、当該不動産を処分・換価して（処分・換価の代わりに、処分・換価対象資産の「公正な価額」に相当する額を弁済する場合を含む）得られた金銭を弁済原資として、対象債権者に対して弁済を行うことが求められる（ガイドライン7項(3)④ロ））。

●売却困難な不動産の取扱い

しかし、保証人が山林や土壌汚染の問題を有する不動産を保有している場合など、市場性がなく、処分・換価が困難な不動産についても、換価処分が完了しない限り弁済計画の履行が完了しないとするのは、保証人及び対象債権者の双方にとって望ましくない。

そのため、上記のような不動産については、保証人及び対象債権者において、一定期間、合理的な売却努力を行ったにもかかわらず、売却ができない場合には、当該資産の処分・換価を要しないこととする旨を弁済計画に規定しておくなどの合意をすることが望ましいといえる。

第5章 経営者保証債務の履行請求とガイドライン

債務者の事業継続に不可欠な資産を保証人が所有している場合、どのように対応すべきか？

A 保証人が主債務者である法人に対して、債務者の事業継続に必要な資産を譲渡し、保証債務の返済原資から除外する必要がある。

●保証債務の返済原資から除外

　保証人が主債務者である法人の事業継続に必要な資産（本社、工場等）を所有しているケースでは、金融機関等が当該資産から債権回収を行うと主債務者の事業継続が困難になる可能性がある。

　そこで、ガイドラインにおいては、主債務者が実質的に事業を継続する上で最低限必要な資産が、保証人の所有資産である場合には、原則として保証人が主債務者である法人に当該資産を譲渡し、当該法人の資産とすることにより、保証債務の返済原資から除外するものとされる（ガイドライン7項(3)③）。

●主債務者の債務を被担保債権とする担保権が設定されている場合

　事業継続に必要不可欠な資産については、金融機関等が主債務者に対する債権保全のために担保権を設定しているケースが多く、主債務者が債務整理を行っている局面においては、主債務者から保証人に対して、当該資産の譲渡代金として、当該担保権の解除に必要な金員を支払うことは不可能である。

　そこで、このような場合においては、保証人が主債務者である法人に

対して当該資産を廉価で譲渡する代わりに、主債務者の弁済計画案において、担保権者の有する債権を保全扱いとし、他の一般債権と比較して優先的に取り扱うなどの方策を検討する必要がある。

●主債務者から保証人に対して譲渡対価が支払われる場合

主債務者から保証人に対して、実際に譲渡対価が支払われる場合には、原則として当該譲渡対価は保証債務の返済原資とした上で、ガイドラインの考え方に従って、保証人の残存資産の範囲を決定することとなる。

<参考>事業承継時の二重徴求割合を10%未満としている金融機関の取組み

> より一層のガイドラインの活用推進のために、直近においても柔軟に規定を改定。具体的には、旧経営者からの保証の徴求については、第三者保証に該当する可能性を踏まえ、株式保有割合や経営関与の状況等をもとに保証要件を具体的に定義し、徴求要否を判断する旨を明記している。

出所：「経営者保証に関するガイドライン」等の実態調査結果（金融庁）
　　　より抜粋

第5章 経営者保証債務の履行請求とガイドライン

ガイドラインに基づく保証債務の弁済計画とは？

 保証人が、ガイドラインに基づき、対象債権者に対する保証債務の整理を行うには、弁済計画を策定し、全金融機関等の同意を得た上で、それに基づく弁済を行う必要がある。

●弁済計画の策定

 保証人は、金融機関等に保証債務の整理を要請する場合、保証債務の弁済計画案を作成し、金融機関等に弁済計画案を説明する。そして、必要に応じて金融機関等の要望を取り入れて弁済計画案の修正等を行い、原則として全金融機関等の同意を得ることにより、弁済計画が成立する。保証人は、成立した弁済計画にしたがって弁済を行い、残存する保証債務については免除を受ける。

 なお、準則型私的整理手続を利用することなく、支援専門家等の第三者の斡旋による当事者間の協議に基づき保証債務の整理を行う場合には、弁済計画案の作成について金融機関等と協議することになる（Q&A7-22）。

 弁済計画に記載すべき事項についてはQ65参照。

●弁済計画の提出時期

 準則型私的整理手続を利用して主債務と一体整理を図る場合は、準則型私的整理手続における主債務の弁済計画案の提出と同時に、保証債務

143

の弁済計画案を提出することになる（Q&A7-22）。

●**弁済計画の期間**

　弁済計画は、原則として5年以内とする必要があるが（ガイドライン7項（3）④イ）、より長期の弁済計画とするほうが、対象債権者及び保証人の利益となるような場合には、5年を超える期間の弁済計画を策定することも、関係者の合意により認められる（Q&A7-24）。

──────── 参考Ｑ＆Ａ ────────

Q. 7-22
保証人は、保証債務の弁済計画案をいつまでに対象債権者に提出すればよいのでしょうか。

A.
準則型私的整理手続を利用する場合は、各手続に沿って提出します。なお、主たる債務と保証債務の一体整理を図る場合は、主たる債務の弁済計画案の提出と同時の提出となります。
また、準則型私的整理手続を利用することなく、支援専門家等の第三者の斡旋による当事者間の協議に基づき整理を行う場合には、弁済計画の作成について対象債権者と調整することになります。

第5章　経営者保証債務の履行請求とガイドライン

保証人を主債務者とする借入の債権者は対象債権者に含まれるか？

原則として対象債権者には含まれないが、対象債権者に含めて手続を進めることも認められる。

● 原則として対象債権者には含まれない

　ガイドラインの対象債権者は、「中小企業に対する金融債権を有する金融機関等であって、現に経営者に対して保証債権を有するもの、あるいは、将来これを有する可能性のあるもの」とされており（ガイドライン1項）、保証人を主たる債務者とする借入の債権者は、ガイドラインの対象債権者には含まれない。

　また、会社のリース債権や取引債権について経営者が保証している場合であっても、当該リース債権者や取引債権者はガイドラインの対象債権者には含まれない。

● ケースに応じて対象債権者に含めることも可能

　もっとも、ガイドラインに基づき保証人が残存資産を確保したとしても、対象外の債権者が残存資産からの回収を行うことなどにより、保証人の弁済計画の履行や再建に重大な影響が及ぶ可能性もある。そこで、本来であれば対象外の債権者であっても、対象債権者に含めることにより、ガイドラインに基づく調整を行うことが可能であるとされている（Q&A7-28参照）。

145

これらの債権者を対象債権者に含めたうえで保証債務の整理を行うか否かは、保証人の資産の状況、債権者の状況及び同意取得の見込み、保証人の弁済計画等を勘案のうえで保証人が判断することになる。金融機関等としては、保証人の意向を踏まえたうえで、弁済計画の履行の確実性や公平性の観点から、これらの債権者を手続に含めるべきか否かを判断することになる。

　なお、Q&A7-28では、本来対象外の債権者である「弁済計画の履行に重大な影響を及ぼすおそれのある債権者」を対象債権者に含める、との記載があるが、必ずしもこのような債権者に限定されるものではなく、柔軟に対象債権者とすることが認められると考えられる。

――――――――――― 参考Q＆A ―――――――――――

Q. 7-28
対象債権者がガイドラインに即して保証人に資産を残した場合においても、ガイドラインの適用を受けない他の債権者が残存資産からの回収を求めた場合、結局、保証人に資産は残らず、また、債権者間の衡平性が確保されないこととなるのではないでしょうか。

A.
残存資産からの回収等によって弁済計画の履行に重大な影響を及ぼす恐れのある債権者については、保証人の資産の処分・換価により得られた金銭の配分の際に対象債権者に含めることにより、当該債権者を含めた調整を行うことが可能です。

第5章　経営者保証債務の履行請求とガイドライン

Question 65

保証債務の弁済計画にはどのような事項を記載すべきか？

A 弁済計画は、保証人の財産の状況、保証債務の弁済計画、資産の換価・処分の方針、保証債務の減免等の権利変更の内容等を記載する必要がある。

●金融機関等の同意を得る上で必要な事項を記載

弁済計画に記載すべき事項は、原則として以下のとおりである（ガイドライン7項(3)④イ））。

① 保証債務のみを整理する場合には、主債務と保証債務の一体整理が困難な理由及び保証債務の整理を法的債務整理手続によらず、本ガイドラインで整理する理由。

② 財産の状況…保証人の自己申告による財産を対象として、保証人の手元に残す残存資産を除いた財産を処分するものとして、財産を評定する（基準時は、保証債務整理の申出時または一時停止等の効力発生時）。

③ 保証債務の弁済計画…原則として5年以内とされているが、金融機関等との合意により、それよりも長い期間を定めることも可能である（Q&A7-24）。

④ 資産の換価・処分の方針…換価・処分するのか、またはその代わりに対象資産の公正な価額（Q&A7-25参照）に相当する額を分割弁済するのかなど、換価・処分の方針を定める。

⑤ 金融機関等に対して要請する保証債務の減免、期限の猶予その他の権利変更の内容…保証債務について求める減免や期限の猶予の内容を具体的に記載する。減免の場合についてはQ66参照。

また、これらの他にも、経営責任の明確化の内容等、金融機関等の同意を得る上で必要な事項について記載する必要がある。

———————— 参考Ｑ＆Ａ ————————

Q. 7-24
7（3）④イ）c）に、「保証債務の弁済計画は（原則5年以内）」とありますが、5年超の弁済計画も、必要に応じて認められるのでしょうか。

A.
個別事情等を考慮して、関係者間の合意により5年を超える期間の弁済計画を策定することも可能です。

Q. 7-25
7（3）④ロ）に「処分・換価の代わりに「公正な価額」に相当する額を弁済する」とありますが、「公正な価額」はどのように算定されるのでしょうか。

A.
関係者間の合意に基づき適切な評価基準日を設定し、当該期日に処分を行ったものとして資産価額を評価します。具体的には、法的倒産手続における財産の評定の運用に従うことが考えられます。

第5章　経営者保証債務の履行請求とガイドライン

Question 66

保証債務を減免する際の弁済及び減免の実施方法は？

残存資産を除く全ての資産を処分・換価し（処分・換価の代わりに公正な価額に相当する額を弁済する場合を含む）、金融機関等に按分弁済を行うことになる。

●債権額の割合に応じた按分弁済、その余の保証債務の免除

　保証人が保証債務の減免を要請する場合、保証人の手元に残す残存資産を除いた保証人の全ての資産を処分・換価し、得られた金銭をもって、まず担保権者や租税債権者等の優先権を有する債権者に弁済し、その残額を全金融機関等に債権額の割合に応じて按分弁済し、その余の保証債務について免除を受けることになる（ガイドライン7項（3）④ロ）。

　資産を処分・換価する代わりに、法的倒産手続における財産評定の運用に従い、当該資産を関係者の合意に基づく評価基準日において処分した場合の処分価格（公正な価額）を弁済することも認められる（Q&A7-25）。したがって、関係者の協議により、各資産について、実際に処分・換価するか、公正な価額による弁済を行うかを決することになる。

　処分・換価を行わずに公正な価額を弁済する場合において、一括の弁済が困難な場合には、5年以内の分割弁済とすることも認められる（ガイドライン7項（3）④ロ脚注8）。

●減免を要請する対象債権者

減免を要請する対象債権者は、原則として債権額が 20 万円以上の債権者に限られるが、全対象債権者の同意がある場合には、その金額を変更することができる（ガイドライン 7 項（3）④ロ）。例えば、20 万円未満の債権者が多数おり、これらの債権者全員に全額弁済を行うと、破産配当を上回る弁済ができなくなる場合には、対象債権者全員の同意を得て、全額弁済の基準をより低くすることが考えられる。また、弁済計画の履行に重大な影響を及ぼすおそれのある債権者については、対象債権者に含めることもできる（Q&A7-27）。

第5章　経営者保証債務の履行請求とガイドライン

Question

67

任意の私的整理による第2会社方式を実行した後、保証債務の整理はどのように行うのか？

A

破産または特別清算の申立てと同時または申立後に、原則として、特定調停等の準則型私的整理手続を利用して、ガイドラインに基づく保証債務の整理を行うことになる。

● **任意の私的整理による第2会社方式と保証債務の整理**

　取引金融機関が少数である場合や主債務者が手続コストを負担できないような場合には、準則型私的整理手続に拠らず、任意の私的整理の枠組みで主債務の整理を行うケースもある。この場合、事業譲渡または会社分割を実行し（第2会社方式）、主債務については破産または特別清算によって整理するケースが一般的である。このような場合であっても、保証債務者は、破産または特別清算の申立てと同時または申立後に、特定調停等を利用して、ガイドラインに基づく保証債務の整理の申出が可能である。

● **主債務者が選択する手続が与える影響**

　第2会社方式の実行後、金融機関等から強い要望がある場合等には、主債務者は、特別清算ではなく、破産手続を選択することを余儀なくされるケースがある。しかし、主債務者がいずれの手続を選択するかによって、ガイドラインに基づく保証債務の整理手続に影響はない。金融機関等としては、主債務者が破産手続を選択した場合であっても、保証債務

151

の整理について、経済合理性等に基づく誠実な対応が求められる。

●残存資産の上限額の判断基準

破産または特別清算は「清算型」の債務整理手続である。しかし、主債務者が任意の私的整理の枠組みによる第2会社方式を実行した場合には、残存資産の上限額の判断にあたっては、主債務者の債務整理手続が「再生型」であることを前提に、①会社分割（事業譲渡を含む）後の承継会社からの回収見込額及び清算会社からの回収見込額並びに保証債務の弁済計画案に基づく回収見込額の合計額と②現時点において主債務者と保証人が破産手続を行った場合の配当見込額の合計額の大小によって、経済合理性を判断することが求められる（Q&A7-16）。

第 5 章　経営者保証債務の履行請求とガイドライン

中小企業再生支援協議会を活用した保証債務の整理はどのように行うのか？

A 　中小企業再生支援協議会を活用する場合、中小企業再生支援協議会が主債務者の再生計画案および保証債務の弁済計画案を策定または検証する。

●支援協議会が選任する専門家が計画案を検証

　中小企業再生支援協議会の手続は、主として主債務者の事業再生を目指して行われるものであり、保証債務はこれと一体となって整理の対象となる。同手続のうち、近時主流となっている検証型の手続においては、主債務者及び保証人の代理人・アドバイザーが事業再生計画案を策定し、協議会が選任する外部専門家が同計画案の検証を行う。同計画案について全金融機関等が賛成した場合、成立することになる。

　中小企業再生支援協議会の手続における弁済計画案は、ガイドラインの基準に則って策定されるものであり、弁済計画案の内容やその判断基準について、同手続に特有の事項は存在しない。

　なお、原則として、主債務の整理（主債務者の再生計画案）と一体として策定・検討されることになるため、主債務と保証債務のどちらかのみに賛成し、もう一方に反対することはできない。また、主債務者の再生計画案が債権放棄を伴うものである場合には、必ず保証債務についても一体として整理の対象とされることになる。

Question 69

特定調停を活用した保証債務の整理はどのように行うのか？

A 主債務の整理のため破産手続、民事再生手続等の法的債務整理手続を利用した場合、実務上、特定調停を利用して、ガイドラインに基づく保証債務の整理が行われることが多い。

●主に法的債務整理手続で主債務を整理した場合に利用される

　主債務の整理のため破産手続、民事再生手続等の法的債務整理手続を利用した場合において、ガイドラインに基づく保証債務の整理を行うときは、法的債務整理手続と同時にまたは申立後、単独で保証債務の整理の申出が必要となる（ガイドライン7項（1）ロ）。この場合には、債務整理にあたっては、原則として、準則型私的整理手続を利用する必要がある（同項（2）ロ）（Q44参照）。

　上記の場合の準則型私的整理手続としては、特定調停や中小企業再生支援協議会の活用が考えられるが、実務上は主に特定調停が利用されている。特定調停とは、債務者の金銭債務に係る利害関係の調整を行うことを目的とする調停手続であり、概ね2～3回程度の期日を経て、調停が成立するケースが多い。特定調停が成立した場合に作成される調停調書には判決同様の執行力が与えられており（特定調停法22条、民事調停法17条）、金融機関等にとっても特定調停を利用するメリットがある。

第 5 章 経営者保証債務の履行請求とガイドライン

Question 70

地域経済活性化支援機構を活用した保証債務の整理はどのように行うのか？

A 地域経済活性化支援機構を活用する場合、同機構が再生支援または特定支援を決定した主債務者の再生計画案とともに、保証債務の弁済計画案を検討することになる。

●特定支援の場合は地域経済活性化支援機構に債権売却が可能

　地域経済活性化支援機構の手続には、再生支援と特定支援が存在する。再生支援は、主債務者の再生を前提とした手続であり、特定支援は、主債務者の廃業を前提とした手続である。

　いずれの手続においても、主要行等と連名で、主債務者・保証人が申込みを行って利用する。申込みを受けた地域経済活性化支援機構は、その申込みが基準を満たしているかを判断したうえで、再生支援または特定支援を決定する。再生支援または特定支援の決定後、非主力行（申込みを連名で行わなかった金融機関等）を含めて全対象債権者に対し、一定期間内に決定の対象となった計画案への同意・不同意等について回答を求める。

　地域経済活性化支援機構の手続において、金融機関等が検討する保証債務の弁済計画案は、経営者保証ガイドラインの基準に則って策定されるものであり、弁済計画案の内容やその判断基準について、地域経済活性化支援機構の手続に特有の事項は存在しない。

　なお、主債務の整理（主債務者の再生計画案）と一体として、策定・

図表　特定支援のスキーム

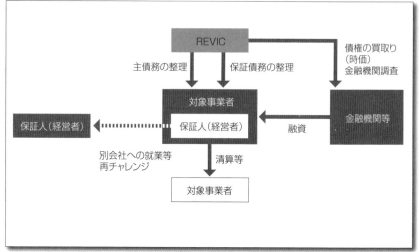

出所：REVICホームページより作成

検討されることになるため、主債務と保証債務のどちらかのみに賛成し、もう一方に反対することはできない。また、主債務の再生計画案は通常債権放棄を伴うものであるため、必ず保証債務についても一体として整理の対象とされることになる。

　計画案の内容によっては（特定支援の場合は必ず）金融機関等は、成立した計画に基づき地域経済活性化支援機構に対して、債権売却が可能となる。

第5章　経営者保証債務の履行請求とガイドライン

Question 71

事業再生 ADR を活用した保証債務の整理は
どのように行うのか？

A　事業再生 ADR において経営者保証ガイドラインを適用して保証債務の整理をあわせて行う場合（一体型）、主債務者の事業再生計画案と一体として保証債務の弁済計画案も策定される。同計画案については、ADR 手続の手続実施者が検証する。

●手続実施者が保証債務の弁済計画案の合理性・妥当性等を検証

　事業再生 ADR の手続は、主債務者である企業の事業再生を目指して行われるものであり、保証債務はこれと一体となって整理の対象となる。事業再生 ADR 手続を行う主債務者及び保証人の代理人・アドバイザーが事業再生計画案を策定し、事業再生実務家協会が指定し債権者が選任した手続実施者が、主債務者の事業再生計画案及び保証債務の弁済計画案の合理性・妥当性等について検証し、金融機関等の対象債権者に調査報告書を提出する。対象債権者は、同調査報告書に基づいて計画案について検討し、全金融機関等が賛成した場合、計画案が成立する。

　事業再生 ADR 手続において主債務者が債権放棄を伴う事業再生計画案を策定する場合、連帯保証人が存在すれば、同保証人について一体型で整理を行うのが通常である。事業再生 ADR 手続における保証債務の弁済計画案は、経営者保証ガイドラインの基準に則って策定されるものであり、弁済計画案の内容やその判断基準について、特有の事項は存在しない。

図表　事業再生 ADR を活用した「一体処理」のイメージ

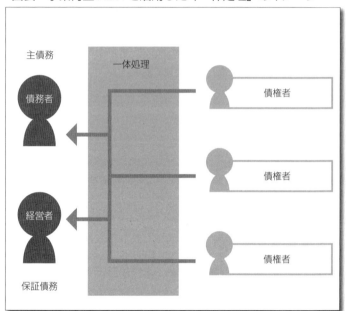

出所：事業再生実務家協会ホームページより作成

　なお、主債務者の事業再生計画案と保証債務の弁済計画案は一体として策定されるため、主債務と保証債務のどちらかのみに賛成し、もう一方に反対することはできない。また、主債務の再生計画案が債権放棄を伴うものである場合には、必ず保証債務についても一体として整理の対象とされることになる。

第5章　経営者保証債務の履行請求とガイドライン

主債務者が複数の場合、
ガイドラインの適用についてどのような影響が生じるか？

経済合理性の判断や残存資産の範囲決定の前提が異なるため、別個の配慮が必要となる可能性がある。

●各金融機関の判断が異なる可能性

　主債務者が複数の場合、資産や負債の内容に応じて各主債務者の弁済計画案における回収見込額が異なるため、金融機関等によって、回収見込額を前提とする経済合理性や残存資産の範囲の判断も異なる可能性がある。

　例えば、主債務者としてA社とB社が存在し、各社の（保証人も含めた）弁済計画案における弁済率が、A社は5％、B社は1％であるとする。この場合、A社の金融機関等は、弁済計画案には経済合理性があり、保証人の残存資産の拡張を認めると判断したのに対し、B社の金融機関等は、弁済計画案には経済合理性がなく、保証人の残存資産の拡張（あるいは残存資産を残すこと自体）を認めないと判断し、各社の金融機関等ごとに判断が分かれてしまうことが考えられる。

　主債務者が複数である場合には、こうした影響が生じることを踏まえた上で、弁済計画案において柔軟な対応を検討すべきである。場合によっては、全債権者一律に一定額を弁済するといった方法により（ガイドライン7項（3）④ロ参照）、金融機関等の回収見込額を増加させ、経済合理性や残存資産の範囲を確保することもありうる。

Question 73
ガイドラインに基づく保証債務の整理における債務免除益と寄付金課税の取扱いは？

ガイドラインに基づいて保証債務の減免・免除を行う場合、保証人及び金融機関等ともに課税関係は生じない

●主たる債務と保証債務の一体整理を私的整理手続により行った場合

ガイドラインに基づき、主たる債務と保証債務の一体整理により保証債務の免除を行った場合、金融機関等による保証債務の免除は、偶発債務を免除したに過ぎず、保証人に対する経済的利益の供与はないことから、所得税法36条に規定する収入の実現はなく、保証人に所得税の課税関係は生じない。また、保証人に対する経済的利益の供与はないことから、金融機関等においても保証債権の放棄による寄付金課税（法人税法37条）は生じない。

●保証債務のみを整理する場合

この場合、金融機関等は現実に履行される前の保証債務を免除したに過ぎず、保証人に対する経済的利益の供与はないことから、所得税法36条に規定する収入の実現はなく、保証人に所得税の課税関係は生じない。また、保証人に対する経済的利益の供与はないことから、金融機関等においても保証債権の放棄による寄付金課税（法人税法37条）は生じない。

第5章 経営者保証債務の履行請求とガイドライン

Question
74

支援専門家は、ガイドラインの手続においてどのような役割を担っているか？

A　支援専門家は、一時停止の送付、保証人が行う表明保証の適正性の確認、準則型私的整理手続を利用しない場合の関係者の斡旋等、ガイドラインにおいて様々な場面での役割の担い手とされている。

●手続全般に関与が期待される

　支援専門家とは、弁護士、公認会計士、税理士等の専門家であって、全ての金融機関等がその適格性を認めるものをいう（ガイドライン5項(2)ロ）。保証人の代理人弁護士や顧問税理士も含まれる。なお、主たる債務者と保証人の代理人が同一人物である場合には、両者間の利益相反の顕在化等に留意する必要がある（Q&A5-8）。

　支援専門家は、ガイドラインにおいて、以下のような役割を担う。

① 一時停止の要請書面を、主債務者・保証人と連名で送付する（ガイドライン7項(3)①）。

② 残存資産の範囲について、保証人と金融機関等との協議をサポートする（ガイドライン7項(3)③）。

③ 保証人が金融機関等に対し保証履行時の資力に関する情報の正確性を表明保証した場合に、金融機関等からの求めに応じ、その適正性について確認し、金融機関等に報告する（ガイドライン7項(3)③）。

④ 保証債務のみを整理する場合であって、準則型私的整理手続を利用しない場合に、保証人が策定した弁済計画に基づき、保証人と金

融機関等の斡旋を行う。これにより、全金融機関等との間で合意に至れば、ガイドラインに基づく保証債務の減免・免除として取り扱うことができる（ガイドライン7項（3）④）。

⑤　保証人が金融機関等に対し、保証債務の免除を要請するにあたり、保証人の資力に関する情報の正確性について表明保証を行った場合に、金融機関等からの求めに応じ、その適正性について確認し、金融機関等に報告する（ガイドライン7項（3）⑤イ）。

──────── 参考Q&A ────────

Q. 5-7
支援専門家の適格性基準は、どのような内容なのでしょうか。

A.
支援専門家の適格性については、当該専門家の経験、実績等を踏まえて、対象債権者が総合的に判断することとなります。ただし、当該専門家が弁護士でない場合には、支援内容が非弁行為とならないように留意する必要があります。

第 5 章　経営者保証債務の履行請求とガイドライン

Question
75

保証債務の免除要請に対応する必要がある場合は？

A　保証人による情報開示、金融機関等にとっての経済合理性の確保等の要件を全て満たす場合には、金融機関等は、弁済計画における保証債務の免除要請について、誠実に対応しなければならない。

●要件を満たしていれば誠実に対応する必要がある

　以下の要件を全て充足する場合には、金融機関等は、保証人からの保証債務の一部履行後に残存する保証債務の免除要請について、誠実に対応しなければならない（ガイドライン7項（3）⑤）。

① 保証人が全金融機関等に対し、保証人の資力に関する情報を誠実に開示し、開示した情報の内容の正確性について表明保証を行い、支援専門家が金融機関等からの求めに応じて、当該表明保証の適正性について確認を行い、金融機関等に報告すること。

② 保証人が、自らの資力を証明するために必要な資料を提出すること。

③ ガイドラインに基づく主債務及び保証債務の弁済計画が、金融機関等にとっても経済合理性が認められるものであること。

④ 保証人が開示し、その内容の正確性について表明保証を行った資力の状況が事実と異なることが判明した場合（保証人の資産の隠匿を目的とした贈与等が判明した場合を含む）、免除した保証債務及び免除期間分の延滞利息も付した上で、追加弁済を行うことについて、

保証人と金融機関等が合意し、書面での契約を締結すること。

この免除要請は、保証債務の弁済計画に記載され、その弁済計画に全ての金融機関等が同意することによってその効力が生じることになる。

金融機関等が、ガイドラインに沿って準則型私的整理手続等を利用し金融機関等としても一定の経済合理性が認められる範囲で保証債務の減免・免除を行う場合、保証人に対する利益供与はないことから、保証人及び対象債権者ともに課税関係は生じない（Q&A7-32）。

─────── 参考Q＆A ───────

Q. 7-32
ガイドラインに沿って保証債務の減免・免除が行われた場合の保証人及び対象債権者の課税関係はどのようになるのでしょうか。

A.
対象債権者が、ガイドラインに沿って準則型私的整理手続等を利用し対象債権者としても一定の経済合理性が認められる範囲で残存保証債務を減免・免除する場合、保証人に対する利益供与はないことから、保証人及び対象債権者ともに課税関係は生じないこととなります。（中小企業庁及び金融庁から国税庁に確認済）

第5章 経営者保証債務の履行請求とガイドライン

保証債務の免除要請に対する合理的な不同意事由とは？

破産手続と同程度の弁済やいわゆるゼロ弁済であったとしても、それをもって合理的な不同意事由に該当するわけではない。

●合理的な不同意事由とは

　対象債権者は、合理的な不同意事由のない限り、ガイドラインに基づく保証債務の整理手続の成立に向けて誠実に対応するものとされている（ガイドライン7(3)）。

　たとえば、一時停止等の要請後に保証人が資産の処分や新たな債務の負担を行った場合は、合理的な不同意事由にあたると考えられる（Q&A7-12）。

　一方、たとえば、①破産手続による弁済額と変わらない場合や、②保証人のみについてみるとガイドラインによるほうが経済合理性を欠いている場合等は、合理的な不同意事由には該当しないと考えられる。

●ゼロ弁済も許容される

　特に、2017年のガイドラインQ&A改正により、自由財産を残存資産とし弁済原資にしないことをもって、「弁済に誠実である」との要件を充足しないことはない旨が明確化された（Q&A3-4）。

　したがって、主たる債務者による弁済と一体として判断してガイドラインの要件を満たす場合には、保証人が弁済を行わない、いわゆるゼロ

弁済も許容される。なお、基準日以降に発生する収入は原則として返済原資とはされないため（Q&A7-29）、基準日以降に収入があるとしてもこれを弁済原資せず、ゼロ弁済とすることも許容される。

――――――――――― 参考Ｑ＆Ａ ―――――――――――

Q. 3-4
保証債務の整理局面において、自由財産を残存資産として残して弁済対象にしない場合は、「弁済について誠実」であるという要件に該当しないことになるのでしょうか。

A.
保証債務の整理局面において、自由財産を残存資産として残し、それを弁済対象にしないことをもって、「弁済について誠実」であるという要件に該当しなくなるということはあり得ません。

Q. 7-12
一時停止等の要請後に、保証人が、資産の処分や新たな債務の負担を行った場合はどうなるのでしょうか。

A.
対象債権者は、保証人に対し説明を求めたうえで、当該資産の処分代金を弁済原資に含めることを求めることや、当該処分等を7（3）の「合理的な不同意事由」として、当該資産の処分等を行った保証人に関する債務整理に同意しないこと等が考えられます。

粉飾決算があった場合、合理的な不同意事由に該当するか？

 過去に粉飾決算があったとしても、具体的な事情を勘案してガイドラインの適用を検討すべきである。

● 一時停止後に粉飾決算があった場合

　主たる債務者及び保証人の財産状況の適切な開示は、ガイドライン適用の要件とされている（ガイドライン３(3)）。万が一債務整理着手後や一時停止後に粉飾決算が行われていたような場合には、ガイドライン適用の要件を満たさず、合理的な不同意事由に該当する可能性がある。

● 過去に粉飾決算があった場合

　財産状況の適切な開示は、債務整理着手後や一時停止後の行為に限定されるものではない。

　もっとも、過去に粉飾決算が行われていたとしても、財産の状況等の不正確な開示の金額及びその態様、私的流用の有無等を踏まえた動機の悪質性といった点を総合的に勘案して判断すべきであり、2017年度のQ&Aの改正によりこの点が明確化された（Q&A3-3）。

　金融機関等としては、過去に粉飾決算があった会社の保証人でもガイドラインの適用対象となることを踏まえ、その態様や悪質性等の具体的事情を考慮して、ガイドラインの適用を個別に判断すべきである。

ガイドラインに基づく保証債務弁済計画の進捗が思わしくない場合、どのように対応すべきか？

 対象債権者は、弁済計画の進捗が思わしくない原因の究明に努めるとともに、弁済計画の変更にも柔軟に応じるべきである。

●計画の進捗が思わしくない場合の対応

ガイドラインに基づき保証債務の弁済計画を策定しても、その後の状況の変化等により、計画どおりに弁済を履行できず、計画を遂行できない事態に陥ることも生じ得る。

そのような場合、主債務者・保証人及び対象債権者は、弁済計画の変更等について誠実に協議を行い、適切な措置を講じなければならない(ガイドライン8項(4))。

●原因究明や弁済計画の変更等

この場合、対象債権者は、主債務者・保証人へのヒアリングや、必要に応じて支援専門家にも相談を行いながら、計画どおりに弁済を履行できない原因の究明に努めるとともに、ガイドラインの準則に従って、弁済計画の変更にも柔軟に応じるべきである。

第6章

経営者保証ガイドライン適用事例に
おける実務

Question 79

ガイドラインの要件が充足されているため経営者保証を求めなかった事例としてどのようなものがあるか？

● **基本的な考え方**

経営者保証を求めない融資を検討するに際しての視点としては、①法人と経営者との関係の明確な区分・分離、②財務基盤の強化、③財務状況の正確な把握、適時適切な情報開示等による経営の透明性の確保が挙げられる（ガイドライン4項(1)）。

● **事例**

ガイドラインの要件が充足されていることを確認した上で経営者保証を求めなかった事例においては、それぞれ以下の点が重視されている（本章で例示する事例については、金融庁が公表している「経営者保証に関するガイドライン」の活用に係る参考事例集（平成29年12月改訂版）の抜粋（一部加工）であり、事例の番号は同事例集と同一である。なお、太字部分は注目ポイントとして筆者が加工したもの）。

＜事例1＞

主力取引先からの、新規事業計画に基づく10億円の運転資金の申込みがあった事例。

1. 法人と経営者との関係の明確な区分・分離

計算書類の作成に当たっては公認会計士による監査を受け、取締役会

の適切な牽制機能発揮のため、親族以外の第三者から選任された取締役が取締役会に出席するなど、**法人と経営者の関係の明確な区分・分離**がなされている。

2. 財務基盤の強化

当社から提出を受けた**事業計画の実現可能性が高い**。

3. 財務状況の正確な把握・適時適切な情報開示等による経営の透明性の確保

当社から提出を受けた**事業計画の実現可能性**が高く、事業計画の達成には当行の支援が必要不可欠。

毎月月初に**自発的**に前月の営業実績、資金繰り表、銀行取引状況等を持参して**経営状況の報告**を行うとともに、公認会計士による適切な決算資料の作成を行うなど、情報開示に積極的であり、従来から良好なリレーションシップが構築されている。

＜事例２＞

> メイン行ではないものの、増加する震災復興関連工事に伴う資金需要に対応してきたところ、短期資金の借入の相談があった事例。

1. 法人と経営者との関係の明確な区分・分離

決算書類について「中小企業の会計に関する基本要領」に則った計算書類を作成し、地元の大手会計事務所が検証等を行っているなど、法人と経営者の関係の明確な区分・分離がなされている。

2. 財務基盤の強化

震災復興関連工事の受注増加により増収基調が続いており、内部留保も厚く堅固な財務内容を維持しており、償還面に問題がない。

3. 財務状況の正確な把握・適時適切な情報開示等による経営の透明性の確保

四半期ごとに試算表の提出を行うなど、当社の業況等が継続的に確認可能。

長年の取引を通じてリレーションシップは十分に確保されている。

外部専門家による検証等を含め、経営管理の強化に従来以上に取り組むことを表明している。

＜事例３＞

当社は新工場の設備投資を計画しているところ、企業立地補助金以外の設備資金について、当行及び地元信金の２行が４億円協調融資を行うこととなった事例。

協調先の地元信金との目線合わせを行い、保証人を求めないで融資を行うこととした。

1. 法人と経営者との関係の明確な区分・分離

当社は実質的にはオーナー企業であるが、その親族は取締役に就任しておらず、**適切な牽制機能が発揮**されている。

当社から経営者への貸付等もなく、事業用資産は全て法人所有であるなど法人と経営者の関係の区分・分離が図られている。

2. 財務基盤の強化

営業地域内に競合先がないことから、安定的に受注を確保し業況は堅調に推移している。

当社は上場企業も含めた優良取引先を有している。

震災直後は売上低下により減収となったが、新たな事業展開を開始している。

新工場の稼働により生産能力の拡充が見込まれる。

第6章　経営者保証ガイドライン適用事例における実務

法人単体での返済能力は十分である。

＜事例４＞

当行メインの取引先から、長期運転資金の申込みがあった事例。

1.　法人と経営者との関係の明確な区分・分離

経営者への立替金勘定が存在し、法人と経営者の資産・経理の明確な区分・分離について課題が残っていたものの、**当該立替金勘定は近年減少しており、今後さらに解消に向けて減少を図る旨の意向が示されている。**

2.　財務基盤の強化

一般建設工事の受注を中心とした堅実な経営により、近年の業況は安定的に推移している。

法人の実の資産や収益力で借入金の返済が可能である。

3.　財務状況の正確な把握・適時適切な情報開示等による経営の透明性の確保

適時適切な情報開示がされ、従来から良好なリレーションシップが構築されている。

＜事例５＞

タイ子会社の工場操業に向けて準備を行っているところ、取引先からの要請により対子会社の増資及び工場の増設を行うこととなり、必要資金の融資の申込みがあった事例。

1.　法人と経営者との関係の明確な区分・分離

事業用の資産は法人の所有としており、法人と経営者の間の貸借や不明瞭な資金のやりとりもないなど、法人と経営者の関係が区分・分離さ

173

れている。

2. 財務基盤の強化

2013年9月期は中国向けの生産縮小により売上が減少して営業赤字となったが、為替差益により最終利益は黒字となっている。

2013年9月期は減収減益となったため返済キャッシュフローは不足しており、債務償還年数は20年を超えているが、タイ子会社は既に207百万円の受注を確保しており、**当社の子会社への貸付金は早期に回収可能と見込まれる**ことや、**現預金を毎期10億円超保有している**ことから、**返済に懸念はないものと判断される。**

3. 財務状況の正確な把握・適時適切な情報開示等による経営の透明性の確保

決算時等に定期的な経営状況の報告があるほか、当金庫の求めに応じて、営業状況が把握できる資料の提出を行うなど情報開示にも協力的であり、従来から良好なリレーションシップが構築されている。

＜事例7＞

> 長年預金取引のみであった当社から、大口公共工事が重なった場合を想定し、200百万円の融資枠開設の検討依頼があった事例。

1. 法人と経営者との関係の明確な区分・分離

勘定科目明細等の提出がないため、法人と個人の資産・経理が分離されているかの判断を行うことが困難であった。そのため、当社に対し、ガイドラインでは、経営者保証を提供しないで資金調達を希望する場合には、適時適切に情報開示を行うことにより経営の透明性を確保することが求められている旨の説明を行った。当社は、**ガイドラインの趣旨に**

第6章　経営者保証ガイドライン適用事例における実務

ついて理解を示し、勘定科目明細等の資料の追加提出を了承した。当該
資料に基づく検討の結果、法人と個人の資産・経理が分離されているこ
とが確認された。

2. 財務基盤の強化

　企業グループの1社として毎期安定的に受注を確保し、業況は堅調に
推移している。

　法人の収益力・財務内容については問題ない。

3. 財務状況の正確な把握・適時適切な情報開示等による経営の透明性の確保

　当初は、財務関係資料については貸借対照表・損益計算表のみの開示
がなされたが、上記のとおり、勘定科目明細等の資料の追加提出がなさ
れた。

　本件により、当社とのリレーションが一層深まった。

　また、ガイドラインの要件が充足されている事例の中でも、以下の事
例8においては、法人への定期的な訪問や経営者との対話を通じて、事
業内容や成長可能性を含めた事業性評価の内容を考慮して経営者保証を
求めなかった事例である。

　当該事例においては、当社は経常赤字・債務超過の状況から脱却して
間もないものの、独自のノウハウを有しており大企業と比較して効率的
に小ロット・短納期で提供することが可能であるという当社の強みや、
今後ニーズの拡大が見込まれる新分野に対して積極的な設備投資を行っ
ており中長期的な収益の増大が見込まれる点が事業性評価において考慮
されている。

175

事例の全体像は次のとおり。

＜事例８＞

事業性評価の内容を考慮して経営者保証を求めなかった事例

1. 整理の申し出を行うに至った経緯・状況等

　当社は、1965年に創業した食肉加工業で、主に牛肉、豚肉、鶏肉の一次加工メーカーとして、食品工場や飲食チェーン店等に多数の商品を出荷しているが、近年は、主要取引先との取引減少や低価格の輸入加工肉の増加等の影響を受け、経常赤字が続き、債務超過に陥っていた。

　今後、地域の人口減少により、更なる需要の減少が見込まれる中、**介護業界向けに食肉加工する新規事業を立ち上げる**等、経営体制の見直しを図ったことで、2015年9月期以降は、粗利益改善、**2期連続の経常利益を計上し、債務超過も解消**することができた。

　今回、当行は、当社からの期間5年の運転資金40百万円の申込みを受けた際、「経営者保証に関するガイドライン」の適用を検討したもの。

2. 保証契約の見直しの具体的内容

　当社は業況が改善しつつあるものの、経常赤字、債務超過を解消して間もないことを踏まえると、財務基盤の安定性については、やや不安が残る状況であり、経営者保証ガイドラインの要件を十分に満たしているとは言えない状況であった。しかし、当行は、当社への**定期的な訪問**や**経営者との対話**を通じて、当社の**事業内容や成長可能性**等を含めた**事業性を評価（事業性評価）**することができていたことから、総合的に判断し、最終的には、経営者保証を求めないで融資を行うこととした。

（事業性評価による当社の強み）

　当社独自の製造ノウハウを有するとともに、商品配送なども効率化しており、高品質かつ低価格な商品を大企業と比較して、小ロット・短納期で提供することが可能。

　今後ニーズの拡大が見込まれる介護業界向け食肉加工に対応するため、ものづくり補助金等を利用した積極的な設備投資を行っており、新分野においても、作業効率を高めた上で生産力の拡大を図ることにより、全国的な販路拡大、中長期的な収益の増大が期待できる。

（経営者保証ガイドラインの適用要件に係る充足状況）

　①強固な財務基盤という点においては、経常赤字、債務超過の状況から脱却して間もないことを踏まえると、やや不安が残るものの、事業性評価を実施することで、十分なキャッシュフローの確保が見込まれるなど、将来の返済には問題がないと判断できるため。

　②当社および保証人からの財産状況等の適時適切な開示が行われている。

　③法人と経営者間のやり取りがなく、法人と経営者個人の資産・経理が明確に分離されている。

Question 80

ガイドラインの要件が十分に充足されていないが経営者保証を求めなかった事例としてどのようなものがあるか？

●基本的な考え方

　金融機関等が主たる債務者の経営状況、資金使途、回収可能性等を総合的に検討した結果、ガイドライン4項（2）イ～ニの要件（Q15参照）が将来にわたっても充足しないと考えられ、保証の代替方法の活用等が困難であると判断される場合には、「経営者保証を求めることが止むを得ないと判断された場合」に該当し、経営者保証を徴求することが許容されると考えられる（Q23参照）。

　しかし、実際には、上記の要件が充足されないと考えられる場合であっても、経営者保証を徴求しなかった事例が報告されている。

　ガイドライン4項（2）イ～ニの要件のうち、いずれか一つの要件が充足しない場合であっても、少なくとも他の要件を充足していること、問題となる点について将来的に解消されることが期待されることなどを勘案し、経営者保証を求めない取扱いを実施している。

　なお、ガイドラインの要件を十分に充足していないにもかかわらず経営者保証を求めないという場合、金融機関等としては、融資実行後も主たる債務者の事業状況、財務状況をモニタリングしていくべき場合が多いと考えられ、主たる債務者から適時適切に財務情報等を得る必要性が高い。その意味で、主たる債務者との良好なリレーションシップを有し、かつ、適時適切な財務情報等の提供を受けられることは、こうした例外

第6章　経営者保証ガイドライン適用事例における実務

的対応を実施するための必須の要件となるものと考えられる。

●事例

＜事例９＞

牽制機能の発揮に課題が残っているが、経営者保証を求めなかった事例

同族会社であることから適切な牽制機能の発揮には未だ課題が残っているが、以下の事情から、経営者保証を求めないこととした事例。

1.　法人と経営者の資産・経理の区分・分離

当該法人は、以前から「中小企業の会計に関する基本要領」に拠った計算書類を作成しており、法人と経営者の間に資金の貸借はなく、役員報酬も適正な金額となっているなど、**法人と経営者の資産・経理が明確に区分・分離**されている。

2.　法人のみの資産・収益力による借入返済

当該法人の収益力で借入金の返済が十分可能であり、また、借換資金の調達余力にも問題がない。

3.　適時適切な財務情報等の提供

情報開示の必要性にも十分な理解を示し、**適時適切に試算表や資金繰り表により財務情報等**を提供しており、長年の取引の中で**良好なリレーションシップが構築**されていること

＜事例10＞

保全不足ではあるが、経営者保証を求めなかった事例

経営者等から十分な物的担保の提供がないなど、大幅な保全不足ではあるが、以下のような点を考慮し、本件融資については経営者保証を求

179

めずに対応することとした事例。

1. 法人と経営者の資産・経理の区分・分離

本社等の資産の一部は経営者名義であるが、法人より適正な賃料が支払われているなど、**法人と経営者の資産は明確に区分**されている。

2. 法人のみの資産・収益力による借入返済

キャッシュフローが潤沢で**利益償還が十分可能**である。

3. 適時適切な財務情報等の提供

年度決算時や中間決算時等に**定期的な経営状況の報告**があるほか、当行の求めに応じて、営業の状況が把握できる各種資料の提出を行うなど**情報開示には協力的**であり、従来から**良好なリレーションシップが構築**されている。

<事例11>

債務超過ではあるが、経営者保証を求めなかった事例

当該法人単体では債務超過であるが、以下のような点を考慮し、融資に当たって経営者保証を求めずに対応することとした事例。

1. 法人と経営者の資産・経理の区分・分離

事業用資産は関連会社（事業用資産の管理会社）の所有であり、社外取締役及び監査役といった外部からの適切な牽制機能の発揮による社内管理体制が整備されているなど、**法人と経営者との関係の区分・分離**がなされている。

2. 法人のみの資産・収益力による借入返済

当該法人単体では債務超過（関連会社との連結では資産超過）であるが、業績が堅調であることから、今後も利益計上が見込まれ、**利益による債**

第6章　経営者保証ガイドライン適用事例における実務

務の返済が十分可能であり、2年後の債務超過の解消も見込まれる。

3. 適時適切な財務情報等の提供

　定期的に試算表及び銀行取引状況表の提出があり、当行からの資料提出の求めにも速やかに対応するなど、**適時適切な財務情報の開示**が行われている。また、従来から**良好なリレーションシップ**が構築されており、取引状況も良好である。

＜事例12＞

> 創業資金について、法人・個人の資産の分離が不十分であるが、経営者保証を求めなかった事例

　法人・個人の資産の分離が不十分であったが、以下の点等を考慮し、創業資金の融資につき経営者保証を求めずに対応することとした事例。

1. 法人と経営者の資産・経理の区分・分離

　法人、個人の資産の分離が必ずしも十分でないものの、その**必要性を経営者が認識し、事業計画でも分離に取り組む**ことが前提となっている。

2. 法人のみの資産・収益力による借入返済

　県・市・支援機関の監修で事業計画が策定され、実現性、**将来のキャッシュフローに合理性**が認められる。

3. 適時適切な財務情報等の提供

　事業計画段階で、**適切な情報開示**を行っており、**今後も継続的に**適時適切な開示が見込まれる。

　創業後の産金官による地域連携サポートの一環で、地域金融機関として、融資等による資金支援はもとより、経営状況を把握し、適切な指導の下、健全な経営を促していく枠組みとしている。

181

Question 81

短期運転資金の特性を踏まえ経営者保証を求めなかった事例としてどのようなものがあるか？

●基本的な考え方

ガイドライン4項(2)では、金融機関等は、法人個人の一体性の解消等が図られている、あるいは、解消等を図ろうとしている主たる債務者が資金調達を要請した場合において、主たる債務者において必要な要件が将来にわたって充足すると見込まれるときは、主たる債務者の経営状況、資金使途、回収可能性等を総合的に判断する中で、経営者保証を求めない可能性、停止条件または解除条件付保証契約、ABL、金利の一定の上乗せ等の経営者保証の機能を代替する融資手法を活用する可能性について、主たる債務者の意向も踏まえた上で、検討することが期待されている。

●事例

このような代替的な融資手法が問題になったものとして、ABLを活用して経営者保証を求めなかった事例を紹介する（金融庁参考事例集・事例16）。

ここでは、債務者の取り扱う商品の売上が特定の時期に集中するため、平均月商に比して在庫が多いという特性や、当社の商品がブランド化されており在庫の固定化の懸念が小さいこと、また、今後も安定した業績が見込まれることから、ABLによる当座貸越枠で増加運転資金に対応

第6章　経営者保証ガイドライン適用事例における実務

し、その結果、経営者保証を徴求しない対応が採られている。

　事例の全体像は次のとおり。

＜事例 16 ＞

在庫の特性を踏まえ ABL を活用して、経営者保証を求めなかった事例

1. 主債務者及び保証人の状況、事案の背景等

　人形・仏壇の小売業者である当社は、雛人形・五月人形で多くのオリジナル商品を取り扱っており、県内での知名度も非常に高い。また、近年、県外にも店舗展開し、売上の増加を図っている。

　今般、メイン銀行である当行に対し、増加運転資金の申込みあり。その際、「経営者保証に関するガイドライン」に基づき、経営者の保証を提供しないことが可能か合わせて検討してほしいとの依頼があった。

2. 経営者保証に依存しない融資の具体的内容

　当社は、法人のみの資産・収益力で借入返済が十分可能であったものの、法人と経営者個人の資産・経理が明確に分離されておらず、また、適時適切な情報開示により経営の透明性が確保されていないなど、ガイドラインの要件を十分に満たしていなかった。

　こうした中、当行は、**当社の取り扱う商品の売上が特定の時期に集中するため、平均月商に比して在庫が多い**という特性や、当社の商品がブランド化されており**在庫の固定化の懸念が小さいこと**、また、**今後も安定した業績が見込まれる**ことから、ABL による当座貸越枠で増加運転資金に対応することとした。

　ABL を活用することで、経営者保証を提供せずに資金調達を行いたいとの当社のニーズにも応えることができた。

183

また、ABL そのものには実施しなくとも、十分な事業性評価に基づいて経営者保証が求められなかった事例もある（金融庁参考事例集・事例 15）。

ここでは、プラスチック製品製造業という当社のビジネスモデルを踏まえて、売掛先別の回収サイトや棚卸資産の内容を十分に把握（事業性評価）するとともに、①業績は改善傾向にあり、直近期における総有利子負債額から短期継続融資額分を除いた後の利益償還するべき負債額に対して、十分に償還能力を有していることや、②適時適切な情報開示がなされており、ビジネスモデルや売上債権、棚卸資産の内容の十分な把握が可能であり、定期的な面談や実査等によるモニタリングなどを通じて、取引先と緊密なリレーションを構築しており、事業性評価を継続的に実施することが可能なことを踏まえ、無保証による運転資金の融資判断に至っている。

ABL はあくまで代替的な融資手法の一つにすぎず、ガイドラインの本質は、個々の債務者の事業性評価に基づいた各種の経営者保証に依存しない融資手法の検討にあることを示すものといえる。

＜事例 15 ＞

| 短期継続融資について、経営者保証を求めなかった事例 |

1. 主債務者及び保証人の状況、事案の背景等

当社は、射出成形のプラスチック成形を得意とするプラスチック製品製造業であり、主力商品であるフィギュアやプラモデルを中心に、大手玩具メーカーとの取引パイプを確立している。

当社は、前期、前々期と営業赤字が発生しており、直近期に黒字化し

第6章　経営者保証ガイドライン適用事例における実務

たばかりであった。

　当社の資金繰りについて、月商の3〜4カ月分の経常運転資金が必要ななか、資金調達は商手割引、手形貸付のほか一部が長期運転資金となっており、約定弁済の負担が重く借換え対応が必要な状況となっていた。

　今般、当行に対し、運転資金の申込みがあり、その際、「経営者保証に関するガイドライン」に基づく経営者保証に依存しない融資について説明したところ、可能であれば利用したいので、検討してほしいとの依頼があった。

2.　経営者保証に依存しない融資の具体的内容

　当社の約定弁済の負担を軽減したいというニーズを捉え、経常運転資金に対する短期継続融資を提案することを検討し、当社のビジネスモデルを踏まえて、**売掛先別の回収サイトや棚卸資産の内容を十分に把握（事業性評価）** するとともに、以下の点を勘案して、運転資金所要額から既存の商手割引額及び手形貸付金額を控除した残額に相当する額を、約定返済のない手形貸付にて無担保・無保証で対応することとした。

① 　黒字化して間もない状況であるものの、**業績は改善傾向**にあり、直近期における総有利子負債額から短期継続融資額分を除いた後の**利益償還するべき負債額**に対して、十分に償還能力を有していること

② 　適時適切な情報開示がなされており、ビジネスモデルや売上債権、棚卸資産の内容の十分な把握が可能であり、**定期的な面談や実査等**によるモニタリングなどを通じて、取引先と**緊密なリレーションを構築**しており、事業性評価を継続的に実施することが可能なこと

185

Question 82

経営者保証の代替としてコベナンツを活用した事例としてどのようなものがあるか？

●基本的な考え方

　金融機関等は、法人個人の一体性の解消等が図られている、あるいは、解消等を図ろうとしている中小企業等に対しては、経営者保証の機能を代替する融資手法のメニューの充実を通じて、貸し手と借り手の双方において保証に依存しない融資の一層の促進が求められているところ、停止条件または解除条件付保証契約（コベナンツ）はその手法の1つである（ガイドライン4項(2)、Q16参照）。

　主たる債務者が、特約条項（コベナンツ）に抵触した場合に保証債務の効力が発生する保証契約を停止条件付保証契約といい、反対に、コベナンツを充足する場合に保証債務が効力を失う保証契約を解除条件付保証契約という（ガイドライン4項(2)、Q16）。

●事例

　経営者保証の機能の代替として解除条件付保証契約を活用した事例としては、融資時点では法人個人の一体性の解消等が不十分ではあるものの、情報開示の姿勢や業績が良好である点等も考慮したうえで、将来的には法人個人の一体性の解消等が見込まれるとして解除条件付保証契約を設定した事例がある（金融庁参考事例集・事例20）。

　また、停止条件付保証契約を活用した事例としては、経営改善計画の

第6章　経営者保証ガイドライン適用事例における実務

遂行中ではあるものの、経営の透明化が図られ、業績が改善傾向にあること等から、既存融資のリファイナンスを行うにあたり、停止条件付保証契約を活用した事例がある（金融庁参考事例集・事例21）。コベナンツは、債務者に報告義務等を課すことにより、適時適切な情報開示が図られることから、ABL等の手法と併せて活用することによってモニタリングの機能を補完したり（金融庁参考事例集・事例22）、融資先の積極的な情報開示を通じて融資先との関係強化や適切なソリューションの提供に資することも考えられる（金融庁参考事例集・事例23）。

<事例20＞

| 経営者保証の機能の代替として解除条件付保証契約を活用した事例 |

1. 主債務者及び保証人の状況、事案の背景等

　当社は、システム開発会社であり、大手他社に先駆けてクラウド環境でのサイト構築に参入し、大手企業を中心に取引先が増加している。

　今般、取引先の増加に伴う運転資金に係る新規融資の申出があったため、当行から「経営者保証に関するガイドライン」の内容を説明の上、当社を巡る状況を勘案し、解除条件付保証契約での融資を提案した。

2. 経営者保証に依存しない融資の具体的内容

　法人と経営者との関係の区分・分離は不十分であったが、以下①～③のような点を勘案し、**上場申請を解除条件とする解除条件付保証契約の活用を提案**したところ、当社の了解が得られたため、当行の提案どおり、解除条件付保証契約での新規融資を行うこととなった。

①　業歴が浅く、直近決算は赤字であるものの、**一定の販路を構築済みであり、足元の試算表では黒字に転換**しており、今期決算は黒字

が見込まれること。

② 試算表等の定期的な提出があり、**情報開示の姿勢が良好**であること。

③ **上場を志向**しており、主幹事先である当行関連証券会社と具体的な協議を進めていること。

<事例21>

> 経営者保証の機能の代替として停止条件付保証契約を活用した事例（1）

1. 主債務者及び保証人の状況、事案の背景等

当社は、各種帳票の特殊印刷（主に損害保険会社向け保険約款）を中心に、ロールペーパーの製造、一般印刷も手掛けている。

近年のペーパーレス化を背景とした主力取引先からの値下げ圧力等から、大幅な減収・赤字となり、既存のシンジケート・ローンの財務制限条項に抵触するまで業績が悪化した。

このため、**外部コンサルを導入し、安定受注の確保と経費削減を骨子**とした「**経営改善5カ年計画」を策定**したところ、計画1期目は、売上の減少に歯止めが掛からなかったが、利益面では**計画を達成**した。

このように業績が改善傾向にある中、期限一括返済としていた**既存のシンジケート・ローンの期限到来によってリファイナンスを行う**にあたり、当行から「経営者保証に関するガイドライン」の内容を説明したところ、当社から経営者保証を求めないでほしい旨の申出があった。

2. 経営者保証に依存しない融資の具体的内容

当行での検討においては、当社は経営改善計画を遂行中であり、法人のみの資産・収益力での借入金の返済は難しい状況にあるものの、以下のような点を勘案し、特約条項^(注)に抵触しない限り保証契約が発生し

第6章　経営者保証ガイドライン適用事例における実務

ない停止条件付連帯保証契約を活用することとした。なお、本対応については、シンジケート・ローンの協調融資行とも協調の上行っている。

① 外部コンサルによる計画策定やモニタリングの徹底により、透明性の高い経営がなされていること。

② 経営改善計画2期目の計画達成も視野に入ってきているなど、一定の経営改善が図られてきていること。

（注）特約条項の主な内容
・いずれかの表明事項が真実でないことが判明したこと
・借入人または保証人の本契約上の義務違反が発生したこと（純資産維持、2期連続赤字回避等の財務特約条項を含む。）
・保証人による財産、経営または業況に関する虚偽の開示がなされたこと

　また、弁護士の指導により、保証債務の整理に関して、「保証人がガイドラインに則った整理を申し立てた場合、各貸付人及びエージェントはガイドラインに基づき、当該整理に誠実に対応するよう努める」旨の規定を保証契約に盛り込んだ。

　今回の対応により、今後の当社の**経営に関する規律付けと情報開示等による更なるリレーションシップの強化**が期待できる。

＜事例22＞

経営者保証の機能の代替として停止条件付保証契約を活用した事例（2）

1. 主債務者及び保証人の状況、事案の背景等

　工作用機械の製造業者である当社は、経営状態の悪化により、数年前に整理回収機構を活用し、当行を含めた取引金融機関は債権放棄を行っている。外部から社長を招聘するなど抜本的再生に取り組み、当行もこれまで他行と協調して再生支援を行ってきた。

189

当社は、所有不動産の売却に加え、海外受注の増加等により業績改善が図れたことから、前期決算にて債務超過を解消している。

現状のコミットメントライン ABL（他行エージェントによるシンジケートローン）の契約期限を迎えるにあたり、売上の増加により現状の3億円の極度額では資金不足となるため、本契約を更新せず当行単独で極度額を増額してほしいとの申出を受けた。

現状のコミットメントラインは停止条件付保証にて対応しており、「経営者保証に関するガイドライン」に基づく経営者保証に依存しない融資として、引き続き ABL ならびに停止条件付保証での対応を検討してほしいとの要望があった。

2. 経営者保証に依存しない融資の具体的内容

本件は、ABL を活用する案件であるが、担保設定する当社製品は特殊性が高いこと、また、創業者一族との一体性の解消を確保・維持するガバナンスの構築が十分でないことから、**停止条件付保証**により、当行単独で極度額5億円への増額の対応を行うこととなった。

※ 保証契約における特約条項の主な内容
・財務状況等の報告：**毎月の試算表ならびに毎月の金融機関別残高一覧表の提出**
・要承諾事項：重要な資産もしくは事業の全部または一部譲渡
　　　　　　　減資または自己株式の買入れもしくは消却
　　　　　　　経営状況や財務内容に重大な影響を及ぼすおそれのある行為 など

＜事例23＞

他行にノウハウの提供を行い、協調して停止条件付保証契約を活用した事例

第6章　経営者保証ガイドライン適用事例における実務

1. 主債務者及び保証人の状況、事案の背景等

　地場有力の食品スーパーである当社は、地域での知名度が高く業況は安定的に推移しているが、期中の試算表や今後の事業計画等に関する情報開示が十分ではなく、関係強化に苦慮していた。

　今般、当社から既存店舗の改装・増床に係る設備資金について、当行と地元の金融機関2行による協調融資の相談があった際、代表者から、自らの保証債務負担が増えることに抵抗があり、「経営者保証に関するガイドライン」を踏まえた対応ができないか検討の依頼があった。

2. 経営者保証に依存しない融資の具体的内容

　当行は、当社から積極的な情報開示が得られれば、迅速なソリューションが提供でき、一層の関係強化に繋がると考え、事前に定めた特約条項（コベナンツ）に違反した場合以外には保証が発生しない、停止条件付保証を提案した。協調行は、停止条件付保証のノウハウが乏しく対応に苦慮していたが、当社を通じ当行の契約書ひな形を開示したところ、当行と同じ内容の特約条項（コベナンツ）を付した停止条件付保証を活用して協調で融資を行うこととなった。

　代表者は、大手スーパーやドラックストアとの競合等から今後の事業展開に閉塞感を感じていたが、停止条件付保証の活用により前向きな設備投資に踏み切ることができ、大変感謝された。

　また、特約条項（コベナンツ）には、定期的な業況報告を行うことや提出資料の真実性を代表者が表明し保証する旨の内容が含まれており、当行および協調して対応した地元の金融機関2行と当社との一層のリレーション強化が期待される。

Question 83 適切な保証金額を設定した事例としてどのようなものがあるか？

●基本的な考え方

　金融機関等は、保証人と保証契約を締結する際には、経営者保証に関する負担（履行基準の不明確さ、保証の一部履行後の保証債務の残存等）が中小企業の各ライフステージ（創業、成長・発展、早期の再生着手、円滑な事業承継等）における取組意欲を阻害しないよう、形式的に保証金額を融資額と同額とはせず、保証人の資産及び収入の状況、融資額、主たる債務者の信用状況、物的担保等の設定状況、主たる債務者及び保証人の適時適切な情報開示姿勢等を総合的に勘案し、適切な保証金額を設定するよう努めることが求められる（ガイドライン5項（2）、中小企業における個人保証等の在り方研究会報告書4.（2）③。Q28参照）。

●事例

　物的担保の設定状況等を考慮して保証金額を設定した事例として、預金担保や不動産担保による保全状況等を考慮して保証金額を設定または減額した事例がある（金融庁参考事例集・事例24・25・26）。

　また、有担保で経営者保証を徴求する場合には、保証金額を融資額の一定割合に限定していることを原則としている事例もある（金融庁参考事例集・事例27）。

第6章　経営者保証ガイドライン適用事例における実務

＜事例 24 ＞

> 預金担保による保全状況等を考慮して保証金額を設定した事例

1. 主債務者及び保証人の状況、事案の背景等

　当社は、不況の煽りを受けて 2009 年に売上が悪化、2010 年 3 月から貸出条件の変更を実施し、現在も各金融機関に対して貸出シェアに応じ、当初の約定返済額から減額した金額での返済を継続していた。

　今般、根保証の期限到来に伴う更改手続の際に、当行から、「経営者保証に関するガイドライン」に基づく保証金額の見直しの提案を行った。

2. 経営者保証に依存しない融資の具体的内容

　融資額 2,500 万円に対して同額の保証金額を設定していたが、今回、預金担保が 1,000 万円あることから、ガイドラインに基づき当該担保分を保証金額から控除するとともに、与信残高の減少見込分等も勘案し、保証金額を 1,200 万円に減額することを当行から提案し、合意に至った。

　本件は、条件変更先ではあるが、ガイドラインに基づき、担保のうち保全の確実性が認められる分を控除して保証金額を設定した事例である。

＜事例 25 ＞

> 不動産担保による保全、業績、経営者の業務意欲等を踏まえて保証金額を減額した事例

1. 主債務者及び保証人の状況、事案の背景等

　当社は、大手電気器具製造業者であり、過去に窮境に陥った際には、中小企業再生支援協議会及び整理回収機構を活用した債務整理を実施するなど、当行が長年にわたって支援をしてきた先である。

　近年の機器の電子化の進行により、海外を含め受注が拡大傾向にある

193

ため、堅調な業績を維持しており、未だ繰越損失を抱えているものの、今後1年程度で解消できるまでに財務基盤が回復している。

　従来、当社への与信は、債権額（52億円）をほぼ全額カバーする額の経営者による根保証や不動産への根抵当権の設定等（計40億円）の提供を受けていたが、根保証契約の期限到来に際し、当行からガイドラインに基づく保証金額の見直しの提案を行い、経営者と協議を行った。

2. 経営者保証に依存しない融資の具体的内容

　当社との協議においては、過去の経緯もあり、現時点で経営者保証を全て解除することは困難であると認識しつつも、**根抵当権を設定している不動産担保等の保全**や、足元の業績、経営者の業務意欲等を考慮した。

　そのうえで、本事例においては、当該協議の過程で**経営者の繰越損失解消に向けた強い意欲を確認する**ことができたことや経営者からの希望もあり、保証金額は繰越損失金額相当を目処として5億円（保証期間は1年）に設定することで保証契約の更改の合意がなされた。

＜事例26＞

> 不動産担保による保全状況等を考慮して保証金額を減額した事例

1. 主債務者及び保証人の状況、事案の背景等

　当社は、親会社が当地の営業所の位置付けで設立した酒類や醸造米の卸売業者であり、経営基盤には不安定な部分があるが、着実に業績を上げてきている。従来は、親会社から運転資金を調達してきたが、親会社からの独立を経営方針としたため、金融機関から初めて資金調達を行うこととなり、当金庫に融資の申込みがあった。

　初めての融資取引であり、**経営者からは、本人による保証と所有不動**

第6章　経営者保証ガイドライン適用事例における実務

産の担保提供の申し出があったが、当金庫から「経営者保証に関するガイドライン」を説明するとともに、経営者の保証金額を不動産担保による保全が図られない部分に限定することを検討することとなった。

2.　経営者保証に依存しない融資の具体的内容

　融資金額 2,500 万円に対して、不動産担保物件の評価額は 1,700 万円であるが、物件所在地は、市内の住宅開発地として人気が高く、将来的に保全価値が減少する可能性は低いと判断したことから、不動産担保物件による保全部分、今後の与信増加の可能性を総合的に勘案の上、経営者の保証金額を 2,500 万円から 1,000 万円に減額して融資を実行した。

＜事例 27 ＞

> 有担保の場合に、保証金額を融資額の一定割合に限定することを原則としている事例

1.　主債務者及び保証人の状況、事案の背景等

　当社は、シェアハウスの運営を目的として、建設業・不動産業勤務を経た 20 代の代表者が設立。現在、複数の物件の運営を受託しており、決算未了であるが、設立から実働 4 カ月後の試算で一定の賃料収入売上と営業利益を計上している。当社の事業は、開業間もないことから事業実績も乏しく、代表者のノウハウによるところが大きく、法人と経営者との関係の明確な区分・分離が図れていない状況であった。

　今般、自らシェアハウスを所有し運営する目的で収益物件購入資金として 50 百万円の新規融資の申込みを受けた。

　本件融資の申込みを受け、「経営者保証に関するガイドライン」の内容に沿って適切な保証金額での融資取組の説明を行ったところ、是非と

195

もその内容で融資を検討してほしいとの申出があった。

2. 経営者保証に依存しない融資の具体的内容

当組合においては、「経営者保証に関するガイドライン」を踏まえ、2014年4月以降、以下①～④の点に着目して、**有担保で経営者保証を徴求する場合には、原則として保証金額を融資額の20%に限定して融資を行うこととしている。**

① 個人資産に対して過大な保証金額とならないようにすること

② 有担保により一定の保全が図られていることから、必要以上に個人保証をとる必要がないこと

③ 保証金額を限定することで、個人負担を減らし創業支援などを進めることができること

④ **経営への規律付けの観点からは、融資額の20%程度の保証金額で十分だと考えられること**

当社は、法人としての事業実績及び足元の収益が乏しく、また本件融資では担保により保全が図られていない部分が27百万円であったが、上記の方針や事業計画の妥当性を勘案して、融資額の20%（10百万円）に限定することとした（融資額50百万円、不動産担保の評価額23百万円、経営者保証額10百万円、無担保・無保証額17百万円）。

あわせて、今後、当社の事業が軌道に乗り、以下の点が確認できた場合には、さらに経営者の保証を見直していく予定。

・利益償還が可能であること

・法人と経営者の関係の明確な区分・分離がなされていること

・適時適切な情報開示が行われ、当組合との間で良好なリレーションが構築されていること

第6章 経営者保証ガイドライン適用事例における実務

事業承継に伴い保証契約を見直した事例としてどのようなものがあるか？

●基本的な考え方

　事業承継の際、ガイドラインの要件の一部が充足されていないとしても、主債務者や保証人によるガイドラインの要件の充足に向けた取組みや他の要件の充足状況などの事情を考慮し、既存保証契約の見直しを柔軟に検討すべきである。

　また、過去に不適切な経理処理があったとしても、個別事情を考慮し、既存保証契約の見直しを柔軟に検討すべきである。

●事例

　事業承継の際、ガイドラインの要件の一部が充足されていない場合であっても、既存保証契約の見直しを行った事例がある（金融庁参考事例集・事例35）。

　既存保証契約の見直しにおいては、ガイドライン上、①法人と経営者との関係の明確な区分・分離、②財務基盤の強化、③財務状況の正確な把握、適時適切な情報開示等による経営の透明性確保を図り、これを将来にわたって維持するよう努めることが求められている（ガイドライン6項（1）①、同4項（1）、Q33参照）。

　金融機関等は、ガイドラインの要件が形式的には充足されていない場合においても、主債務者や保証人による要件の充足に向けた取組みや他

の要件の充足状況などの事情を考慮し、ガイドラインを適用して既存保証契約を見直すことを柔軟に検討すべきである。特に、事業承継に際して既存保証契約の見直しが検討される場合においては、円滑な事業承継並びに事業の継続及び成長といった観点を踏まえた柔軟な対応を行うことが望ましいといえる。

当該検討において考慮すべき事情のうち、要件の充足に向けた取組みとしては、例えば、金融機関や顧問税理士による指導その他の関与の状況、要件の充足の必要性に対する経営者の認識、要件の充足に向けた実際の取組みの内容及び状況などが考えられる。

また、他の要件の充足状況としては、債務者の過去の返済状況や担保による債権の保全状況などが考えられる。

これらの事情を考慮して、必要に応じて既存保証契約の見直しを積極的に行うべきであるといえる。

＜事例 35 ＞

> ガイドラインの要件を一部満たしていないが、事業承継に際し、新・旧経営者から経営者保証を求めなかった事例

1. 整理の申し出を行うに至った経緯・状況

当社（主債務者）は、建築事業を中心に食料品も取り扱うホームセンターで、50 年以上の業歴を有する老舗企業である。地域で最も品揃えが豊富で、価格競争力を有しており、財務内容も良好である。当社は、代表取締役（旧経営者・保証人）が高齢であったため、子息（新経営者）への事業承継に向けて、顧問税理士及びメイン銀行である金融機関の支援・指導の下、事業内容の改善を実施してきた。

第6章　経営者保証ガイドライン適用事例における実務

上記の事業承継に際し、当社より金融機関に対し、ガイドラインを活用した既存保証契約の見直しに関する相談があった。

2. 当該整理の具体的内容

当社は、現状においては、法人と個人の資産の分離が明確に行われていないなど、ガイドラインの要件を一部満たしていなかった。

しかし、金融機関は、以下の点を考慮して、旧経営者の個人保証を解除するとともに、新経営者からも個人保証を徴求しないこととした。

① 顧問税理士及びメイン銀行である金融機関が指導を行うことで、**法人と個人の資産を分離することの必要性を新・旧経営者が十分に認識していること。**

② 実際に、工場や社用車の所有名義を旧経営者から法人名義に変更するなど、**法人と個人の一体性の解消に向けて取り組んでいること。**

③ 財務内容が良好で、**返済力に懸念がないこと。**

④ 適時適切に情報の開示・説明が行われ、経営の透明性が確保できており、**金融機関と良好な関係性が構築できていること。**

⑤ 事業承継の検討当初から、当社と金融機関との間で今後の事業計画の共有を含めた連携を図ってきたことで、**新経営者の下での事業の継続性に問題がないと判断できること。**

また、事業承継の際、過去に不適切な経理処理が行われたが、既存保証契約の見直しを行った事例がある（金融庁参考事例集・事例34）。

ガイドライン上、その適用については、主債務者や保証人により債務不履行や財産状況等の不正確な開示があったことをもってただちに否定されるものではなく、その金額及び態様、私的流用の有無等を踏まえた

199

動機の悪質性といった点を総合的に勘案して判断すべきとされており（Q&A3-3）、実際にも過去に不適切な経理処理があった債務者につきガイドラインが適用された事例は多い。

前記の要件に照らせば、金融機関等は、債務者につき過去に不適切な経理処理があったとしても、不適切な経理処理があったことをもってただちにガイドラインの適用を否定してはならず、個別事情を考慮し、ガイドラインを適用して既存保証契約の見直しを行うことを柔軟に検討すべきである。特に、事業承継に際して既存保証契約の見直しが検討される場合においては、円滑な事業承継並びに事業の継続及び成長といった観点を踏まえた柔軟な対応を行うことが望ましいといえる。

当該検討において考慮すべき事情としては、過去の不適切な経理処理の金額及び態様並びに動機の悪質性だけでなく、その後の事情として、金融機関や外部支援機関による経営支援等の取組み、財務・キャッシュフロー・借入金の返済等の状況、適時適切な情報開示、金融機関とのリレーションシップなどが十分に考慮される必要がある。

＜事例34＞

> 過去に不適切な経理処理が行われたが、事業承継に際し、新・旧経営者から経営者保証を求めなかった事例

1. 主債務者及び保証人の状況、事案の背景等

青果・園芸専門農協である当組合（主債務者）は、過去に不適切な経理処理があったことが判明し、未計上であった多額の損失を計上した結果、債務超過に陥った。

当組合は、役員を入れ替え、新体制の下で、外部研修支援機関、中央

会及びメイン銀行の金融機関と一体となって、**適切な経理処理及び経営改善に向けて取り組んだ**。具体的には、外部研修支援機関の経営診断による経営改善計画書の策定、内部体制の見直し、中央会による経営指導、取引金融機関による金融支援及び行員派遣などを行い、**債務超過を解消**した。

前記の取組みの後、当組合より金融機関に対し、ガイドラインを活用し、旧役員3名の個人保証を解除する代わりに現役員2名の個人保証を提供するとの申出があった。

2. 適切な保証金額の設定に関する具体的内容

当組合は、過去に不適切な経理処理が行われ、債務超過も解消したばかりであった。

しかし、金融機関は、ガイドラインの趣旨を踏まえ、また以下の点を考慮し、**旧役員の全ての個人保証を解除するとともに、現役員2名からも個人保証を徴求しないこととした**。

① 経理処理は、前記の関係者による取組みに加え、顧問税理士による客観的な外部チェックがなされ、**法人と個人との関係が明確に区分・分離されていること**。

② 経営改善計画に基づく改善が進み、**債務超過が解消されるとともに、安定したキャッシュフローを確保しており、借入金返済が順調に進んでいること**。

③ 当組合は、適切な情報開示を行い、行員派遣を受け入れるなど、**金融機関との間で良好なリレーションシップを構築していること**。

201

Question 85

保証契約の期限到来に伴い経営者保証を解除した事例としてどのようなものがあるか？

●基本的な考え方

保証契約の期限が到来した場合、ガイドラインの趣旨を踏まえ、個別事情を考慮し、既存保証契約を解除する（期限の延長や更改を行わない）ことを柔軟に検討すべきである。

●事例

根保証契約の期限到来に伴い、ガイドラインの趣旨を踏まえ、既存保証契約を解除した（期限の延長や更改を行わなかった）事例がある（金融庁参考事例集・事例36及び事例37）。

保証契約の期限が到来した場合、金融機関等は、漫然と保証契約の期限の延長や更改を行うのではなく、主債務者及び保証人に対してガイドラインの説明を行い、主債務者及び保証人の意向も踏まえ、既存保証契約を解除する（期限の延長や更改を行わない）ことを柔軟に検討すべきである。この場合、金融機関等は、ガイドラインの要件の充足状況などの個別事情を考慮し、経営者保証を求めない可能性や、経営者保証の機能を代替する融資手法を活用する可能性について、改めて検討することが望ましいといえる（ガイドライン4項（2）参照）。

第6章　経営者保証ガイドライン適用事例における実務

<事例36＞

根保証契約の期限到来に伴い、経営者保証を解除した事例（1）

1. 主債務者及び保証人の状況、事案の背景等

当社（主債務者）は、パン・菓子製造業者である。国内大手のパン製造業者との業務提携により同社の一部商品の製造・販売を受託するなど、業況は安定的に推移している。

既存の根保証契約の期限到来に伴い、金融機関からガイドラインの説明を行ったところ、当社から現社長の根保証契約の解除について相談があった。

2. 保証契約の見直しの具体的内容

金融機関は、以下の点を勘案し、現社長の既存の根保証契約の解除を行うこととした。

① 本社、工場、営業車等の事業活動に必要な資産が全て法人所有となっている、役員への貸付金や不透明な経費計上等がなく資金のやり取りが適切な範囲内に収まっている、役員報酬が業況や事業規模等に照らして妥当な水準であると判断されるなど、法人と経営者の関係の明確な区分・分離がなされていること。

② 好業績が続いており、十分な利益が確保されていること。

③ 決算関連資料が継続的に提供されている、行員が週1回訪問し、業況変化の報告や資金需要等の相談を受けるなど、情報開示について協力的であること。

④ メイン銀行の金融機関とは創業以来の付き合いであり、従前から良好なリレーションシップが構築されていること。

203

＜事例37＞

根保証契約の期限到来に伴い、経営者保証を解除した事例（2）

1. 主債務者及び保証人の状況、事案の背景等

当社（主債務者）は、建設機械のリース・販売・修理を行う企業である。多数の取引先を有し、業況は安定的に推移している。

現在の経営者（保証人）は、当社の規模拡大に伴い事業承継を検討していたが、経営者保証の帰趨について漠然と不安を抱えていた。

そのような中、既存の根保証契約の期限到来に伴い、金融機関から当社及び保証人に対し、ガイドラインの説明を行うとともに、経営者保証を求めない（根保証契約を更改しない）ことを提案した。

2. 保証契約の見直しの具体的内容

金融機関は、以下の点を勘案し、現経営者の既存の根保証契約を更改しないこととした。

① 法人と経営者の間に資金の貸借はなく、**法人と経営者の資産・経理が明確に分離されている**こと。

② **法人のみの資産・収益力で借入返済が十分可能と判断できた**こと。

前記のとおり、金融機関が率先してガイドラインの説明及び経営者保証を求めないことの提案を行ったため、当社は当該金融機関の対応を高く評価して資金調達の相談を優先的に持ちかけるようになり、今後の一層の取引深耕が見込まれることになった。

Question 86

主債務の整理のため民事再生手続を利用した場合において、保証債務を整理した事例にはどのようなものがあるか？

● **基本的な考え方**

　主債務の整理のため民事再生手続を利用した場合、原則として、特定調停等の準則型私的整理手続を利用して、ガイドラインに基づく保証債務の整理を行うことになる。

● **事例**

　民事再生手続の締結後、ガイドラインの利用を申し立て、保証債務を整理した特殊な事例を紹介する（金融庁参考事例集・事例59）。民事再生手続は、再生型の法的債務整理手続の一手法である。民事再生手続においては、主債務のみが権利変更の対象となり、主債務と保証債務を一体として整理することができない。そのため、保証債務については、単独で整理することが必要となる。

　主債務の整理のため民事再生手続を利用した場合において、ガイドラインに基づく保証債務の整理を行うときは、民事再生手続と同時にまたは申立後、単独で保証債務の整理の申出が必要となる（ガイドライン7項(1)ロ）。この場合には、債務整理にあたっては、原則として、準則型私的整理手続を利用する必要があるが、実務上は主に特定調停が利用されている（Q69参照）。

　金融機関等は、保証人が主債務者の早期の事業再生等の着手を決断し

た場合、主債務者からの回収額が増加した範囲内において、保証人の残存資産を広く認めることを検討する必要がある（ガイドライン7項(3)③）。この場合の経済合理性については、保証債務を単独で整理する場合であっても、主債務と保証債務を一体として判断する（Q&A7-13。具体的な判断方法については、Q55を参照）。

　民事再生手続が終結している場合であっても、ガイドラインに基づく保証債務の整理の申出が可能である（ガイドライン7.(1)ロ)）。この場合、金融機関等は残存資産の範囲の拡張を検討する必要はないとされる（Q&A7-20）。しかし、早期に主債務の整理を行ったことによる経済合理性が認められる場合には、ガイドラインに基づく保証債務の整理の申出時期にかかわらず、残存資産の範囲の拡張について柔軟に対応することが適切といえよう。なお、民事再生手続の終結とは、「再生計画等が認可された時点またはこれに準じる時点」をいう（Q&A7-21）。

<事例59>

| 主債務の民事再生手続の終結後に保証債務を整理した事例 |

　事例59は、民事再生手続において、事業譲渡型の再生計画案が認可され、民事再生手続の終結後、保証債務の整理を行った事例である。

　民事再生手続が終結後、ガイドラインに基づく保証債務の整理の申出を行った場合には、上記のとおり、ガイドライン上、残存資産の範囲を検討する必要はない。したがって、**民事再生手続の終結前に**、ガイドラインに基づく**保証債務の整理が行われる**ことが**通常**であって、民事再生手続の終結後にガイドラインに基づく保証債務の整理の申出があった本事例は特殊事例といえる（本事例は、民事再生手続の係属中にガイドライ

ンの適用開始が決定した過渡期的な事例であったことから、手続終結前に保証債務の整理の申出を行うことができなかったものと推察される）。

　もっとも、金融債権者等において残存資産の拡張を検討する必要はないとはいえ、保証人にとっては自宅に住み続けることや債務整理を行った事実等が信用情報登録機関に登録されないなどのメリットがあるため、本事例においては、ガイドラインを活用して保証債務の整理が行われたものである。

＜資料＞

経営者保証に関するガイドライン

平成 25 年 12 月

経営者保証に関するガイドライン研究会

経営者保証に関するガイドライン

はじめに

　中小企業・小規模事業者等（以下「中小企業」という。）の経営者による個人保証（以下「経営者保証」という。）[1] には、経営への規律付けや信用補完として資金調達の円滑化に寄与する面がある一方、経営者による思い切った事業展開や、保証後において経営が窮境に陥った場合における早期の事業再生を阻害する要因となっているなど、企業の活力を阻害する面もあり、経営者保証の契約時及び履行時等において様々な課題が存在する。

　このため、平成 25 年 1 月、中小企業庁と金融庁が共同で有識者との意見交換の場として「中小企業における個人保証等の在り方研究会」を設置した。本研究会において、中小企業における経営者保証等の課題全般を、契約時の課題と履行時等における課題の両局面において整理するとともに、中小企業金融の実務の円滑化に資する具体的な政策的出口について継続的な議論が行われ、同年 5 月、課題の解決策の方向性とともに当該方向性を具体化したガイドラインの策定が適当である旨の「中小企業における個人保証等の在り方研究会報告書」が公表された。

　また、日本再興戦略（同年 6 月 14 日閣議決定）においても、新事業を創出し、開・廃業率 10％台を目指すための施策として、当該ガイドラインが位置付けられている。

　同年 8 月、本報告書にて示された方向性を具体化することを目的として、行政当局の関与の下、日本商工会議所と全国銀行協会が共同で、有識者を交えた意見交換の場として「経営者保証に関するガイドライン研究会」を設置した。

　この「経営者保証に関するガイドライン」は、本研究会における中小企業団体及び金融機関団体の関係者、学識経験者、専門家等の議論を踏まえ、中小企業の経営者保証に関する契

　1　このガイドラインは中小企業・小規模事業者の経営者保証を主たる対象としているが、必ずしも対象を当該保証に限定しているものではない。

約時及び履行時等における中小企業、経営者及び金融機関による対応についての、中小企業団体及び金融機関団体共通の自主的自律的な準則として、策定・公表するものである。

1. 目的

　このガイドラインは、中小企業金融における経営者保証について、主たる債務者、保証人[2]（保証契約の締結によって保証人となる可能性のある者を含む。以下同じ。）及び対象債権者（中小企業に対する金融債権を有する金融機関等であって、現に経営者に対して保証債権[3]を有するもの、あるいは、将来これを有する可能性のあるものをいう。また、主たる債務の整理局面において保証債務の整理（保証債務の全部又は一部の免除等をいう。以下同じ。）を行う場合においては、成立した弁済計画により権利を変更されることが予定されている保証債権の債権者をいう。以下同じ。）において合理性が認められる保証契約の在り方等を示すとともに、主たる債務の整理局面における保証債務の整理を公正かつ迅速に行うための準則を定めることにより、経営者保証の課題に対する適切な対応を通じてその弊害を解消し、もって主たる債務者、保証人及び対象債権者の継続的かつ良好な信頼関係の構築・強化とともに、中小企業の各ライフステージ（創業、成長・発展、早期の事業再生や事業清算への着手、円滑な事業承継、新たな事業の開始等をいう。以下同じ。）における中小企業の取組意欲の増進を図り、ひいては中小企業金融の実務の円滑化を通じて中小企業の活力が一層引き出され、日本経済の活性化に資することを目的とする。

2. 経営者保証の準則

(1) このガイドラインは、経営者保証における合理的な保証契約の在り方等を示すとともに主たる債務の整理局面における保証債務の整理を公正かつ迅速に行うための準則であり、中小企業団体及び金融機関団体の関係者が中立公平な学識経験者、専門家等と共に協議を重ねて策定したものであって、法的拘束力はないものの、主たる債務者、保証人及び対象債権者によって、自発的に尊重され遵守されることが期待されている。

(2) このガイドラインに基づき経営者保証に依存しない融資の一層の促進が図られることが期待されるが、主たる債務者である中小企業の法人個人の一体性[4]に一定の合理性や

　2　併存的債務引受を行った経営者であって、対象債権者によって、実質的に経営者保証人と同等の効果が期待されているものも含む。
　3　中小企業の金融債務について、経営者により、実質的に経営者保証と同等の効果が期待される併存的債務引受がなされた場合における、当該経営者に対する債権も含む。

資料　経営者保証に関するガイドライン

必要性が認められる場合等において経営者保証を締結する際には、主たる債務者、保証人及び対象債権者は、このガイドラインに基づく保証契約の締結、保証債務の整理等における対応について誠実に協力する。

(3) 主たる債務者、保証人及び対象債権者は、保証債務の整理の過程において、共有した情報について相互に守秘義務を負う。

(4) このガイドラインに基づく保証債務の整理は、公正衡平を旨とし、透明性を尊重する。

3. ガイドラインの適用対象となり得る保証契約

このガイドラインは、以下の全ての要件を充足する保証契約に関して適用されるものとする。

(1) 保証契約の主たる債務者が中小企業であること

(2) 保証人が個人であり、主たる債務者である中小企業の経営者であること。ただし、以下に定める特別の事情がある場合又はこれに準じる場合[5]については、このガイドラインの適用対象に含める。

　① 実質的な経営権を有している者、営業許可名義人又は経営者の配偶者（当該経営者と共に当該事業に従事する配偶者に限る。）が保証人となる場合

　② 経営者の健康上の理由のため、事業承継予定者が保証人となる場合

(3) 主たる債務者及び保証人の双方が弁済について誠実であり、対象債権者の請求に応じ、それぞれの財産状況等（負債の状況を含む。）について適時適切に開示していること

(4) 主たる債務者及び保証人が反社会的勢力ではなく、そのおそれもないこと

4. 経営者保証に依存しない融資の一層の促進

経営者保証に依存しない融資の一層の促進のため、主たる債務者、保証人及び対象債権者は、それぞれ、次の対応に努めるものとする。

---

4 「中小企業における個人保証等の在り方研究会報告書」参照

5 このガイドラインは中小企業の経営者（及びこれに準ずる者）による保証を主たる対象としているが、財務内容その他の経営の状況を総合的に判断して、通常考えられるリスク許容額を超える融資の依頼がある場合であって、当該事業の協力者や支援者からそのような融資に対して積極的に保証の申し出があった場合等、いわゆる第三者による保証について除外するものではない。

(1) 主たる債務者及び保証人における対応

主たる債務者が経営者保証を提供することなしに資金調達することを希望する場合には、まずは、以下のような経営状況であることが求められる。

① 法人と経営者との関係の明確な区分・分離

主たる債務者は、法人の業務、経理、資産所有等に関し、法人と経営者の関係を明確に区分・分離し、法人と経営者の間の資金のやりとり（役員報酬・賞与、配当、オーナーへの貸付等をいう。以下同じ。）を、社会通念上適切な範囲を超えないものとする体制を整備するなど、適切な運用を図ることを通じて、法人個人の一体性の解消に努める。

また、こうした整備・運用の状況について、外部専門家（公認会計士、税理士等をいう。以下同じ。）による検証を実施し、その結果を、対象債権者に適切に開示することが望ましい。

② 財務基盤の強化

経営者保証は主たる債務者の信用力を補完する手段のひとつとして機能している一面があるが、経営者保証を提供しない場合においても事業に必要な資金を円滑に調達するために、主たる債務者は、財務状況及び経営成績の改善を通じた返済能力の向上等により信用力を強化する。

③ 財務状況の正確な把握、適時適切な情報開示等による経営の透明性確保

主たる債務者は、資産負債の状況（経営者のものを含む。）、事業計画や業績見通し及びその進捗状況等に関する対象債権者からの情報開示の要請に対して、正確かつ丁寧に信頼性の高い情報を開示・説明することにより、経営の透明性を確保する。

なお、開示情報の信頼性の向上の観点から、外部専門家による情報の検証を行い、その検証結果と合わせた開示が望ましい。

また、開示・説明した後に、事業計画・業績見通し等に変動が生じた場合には、自発的に報告するなど適時適切な情報開示に努める。

(2) 対象債権者における対応

対象債権者は、停止条件又は解除条件付保証契約[6]、ABL[7]、金利の一定の上乗せ等の経営者保証の機能を代替する融資手法のメニューの充実を図ることとする。

また、法人個人の一体性の解消等が図られている、あるいは、解消等を図ろうとしている主たる債務者が資金調達を要請した場合において、主たる債務者において以下のような

資料　経営者保証に関するガイドライン

要件が将来に亘って充足すると見込まれるときは、主たる債務者の経営状況、資金使途、回収可能性等を総合的に判断する中で、経営者保証を求めない可能性、上記のような代替的な融資手法を活用する可能性について、主たる債務者の意向も踏まえた上で、検討する。

イ）法人と経営者個人の資産・経理が明確に分離されている。

ロ）法人と経営者の間の資金のやりとりが、社会通念上適切な範囲を超えない。

ハ）法人のみの資産・収益力で借入返済が可能と判断し得る。

ニ）法人から適時適切に財務情報等が提供されている。

ホ）経営者等から十分な物的担保の提供がある。

5. 経営者保証の契約時の対象債権者の対応

　対象債権者が第4項（2）に即して検討を行った結果、経営者保証を求めることが止むを得ないと判断された場合や、中小企業における法人個人の一体性に一定の合理性や必要性が認められる場合等で、経営者と保証契約を締結する場合、対象債権者は以下の対応に努めるものとする。

（1）主たる債務者や保証人に対する保証契約の必要性等に関する丁寧かつ具体的な説明

　　対象債権者は、保証契約を締結する際に、以下の点について、主たる債務者と保証人に対して、丁寧かつ具体的に説明することとする。

イ）保証契約の必要性

ロ）原則として、保証履行時の履行請求は、一律に保証金額全額に対して行うものではなく、保証履行時の保証人の資産状況等を勘案した上で、履行の範囲が定められること

ハ）経営者保証の必要性が解消された場合には、保証契約の変更・解除等の見直しの可能性があること

（2）適切な保証金額の設定

　　対象債権者は、保証契約を締結する際には、経営者保証に関する負担が中小企業の各ライフステージにおける取組意欲を阻害しないよう、形式的に保証金額を融資額と同額とはせず、保証人の資産及び収入の状況、融資額、主たる債務者の信用状況、物的担保等の設定状況、主たる債務者及び保証人の適時適切な情報開示姿勢等を総合的に勘案して設定す

6　停止条件付保証契約とは主たる債務者が特約条項（コベナンツ）に抵触しない限り保証債務の効力が発生しない保証契約であり、解除条件付保証契約とは主たる債務者が特約条項（コベナンツ）を充足する場合は保証債務が効力を失う保証契約である。

7　Asset Based Lending 流動資産担保融資

る。

　このような観点から、主たる債務者の意向も踏まえた上で、保証債務の整理に当たっては、このガイドラインの趣旨を尊重し、以下のような対応を含む適切な対応を誠実に実施する旨を保証契約に規定する。

　　イ）保証債務の履行請求額は、期限の利益を喪失した日等の一定の基準日における保証人の資産の範囲内とし、基準日以降に発生する保証人の収入を含まない。

　　ロ）保証人が保証履行時の資産の状況を表明保証し、その適正性について、対象債権者からの求めに応じ、保証人の債務整理を支援する専門家（弁護士、公認会計士、税理士等の専門家であって、全ての対象債権者がその適格性を認めるものをいう。以下「支援専門家」という。）の確認を受けた場合において、その状況に相違があったときには、融資慣行等に基づく保証債務の額が復活することを条件として、主たる債務者と対象債権者の双方の合意に基づき、保証の履行請求額を履行請求時の保証人の資産の範囲内とする。

　　また、対象債権者は、同様の観点から、主たる債務者に対する金融債権の保全のために、物的担保等の経営者保証以外の手段が用いられている場合には、経営者保証の範囲を当該手段による保全の確実性が認められない部分に限定するなど、適切な保証金額の設定に努める。

6. 既存の保証契約の適切な見直し
（1）保証契約の見直しの申入れ時の対応
　①　主たる債務者及び保証人における対応
　　主たる債務者及び保証人は、既存の保証契約の解除等の申入れを対象債権者に行うに先立ち、第4項（1）に掲げる経営状況を将来に亘って維持するよう努めることとする。

　②　対象債権者における対応
　　主たる債務者において経営の改善が図られたこと等により、主たる債務者及び保証人から既存の保証契約の解除等の申入れがあった場合は、対象債権者は第4項（2）に即して、また、保証契約の変更等の申入れがあった場合は、対象債権者は、申入れの内容に応じて、第4項（2）又は第5項に即して、改めて、経営者保証の必要性や適切な保証金額等について、真摯かつ柔軟に検討を行うとともに、その検討結果について主たる債務者及び保証人に対して丁寧かつ具体的に説明することとする。

資料　経営者保証に関するガイドライン

（2）事業承継時の対応

①　主たる債務者及び後継者における対応

イ）主たる債務者及び後継者は、対象債権者からの情報開示の要請に対し適時適切に
対応する。特に、経営者の交代により経営方針や事業計画等に変更が生じる場合には、
その点についてより誠実かつ丁寧に、対象債権者に対して説明を行う。

ロ）主たる債務者が、後継者による個人保証を提供することなしに、対象債権者から
新たに資金調達することを希望する場合には、主たる債務者及び後継者は第4項（1）
に掲げる経営状況であることが求められる。

②　対象債権者における対応

イ）後継者との保証契約の締結について

対象債権者は、前経営者が負担する保証債務について、後継者に当然に引き継が
せるのではなく、必要な情報開示を得た上で、第4項（2）に即して、保証契約の必
要性等について改めて検討するとともに、その結果、保証契約を締結する場合には
第5項に即して、適切な保証金額の設定に努めるとともに、保証契約の必要性等に
ついて主たる債務者及び後継者に対して丁寧かつ具体的に説明することとする。

ロ）前経営者との保証契約の解除について

対象債権者は、前経営者から保証契約の解除を求められた場合には、前経営者が引
き続き実質的な経営権・支配権を有しているか否か、当該保証契約以外の手段による
既存債権の保全の状況、法人の資産・収益力による借入返済能力等を勘案しつつ、保
証契約の解除について適切に判断することとする。

7．保証債務の整理

（1）ガイドラインに基づく保証債務の整理の対象となり得る保証人

以下の全ての要件を充足する場合において、保証人は、当該保証人が負担する保証債務
について、このガイドラインに基づく保証債務の整理を対象債権者に対して申し出ること
ができる。また、当該保証人の申し出を受けた対象債権者は、第2項の準則に即して、誠
実に対応することとする。

イ）対象債権者と保証人との間の保証契約が第3項の全ての要件を充足すること

ロ）主たる債務者が破産手続、民事再生手続、会社更生手続若しくは特別清算手続（以下
「法的債務整理手続」という。）の開始申立て又は利害関係のない中立かつ公正な第三者

が関与する私的整理手続及びこれに準ずる手続（中小企業再生支援協議会による再生支援スキーム、事業再生 ADR、私的整理ガイドライン、特定調停等をいう。以下「準則型私的整理手続」という。）の申立てをこのガイドラインの利用と同時に現に行い、又は、これらの手続が係属し、若しくは既に終結していること

ハ）主たる債務者の資産及び債務並びに保証人の資産及び保証債務の状況を総合的に考慮して、主たる債務及び保証債務の破産手続による配当よりも多くの回収を得られる見込みがあるなど、対象債権者にとっても経済的な合理性が期待できること

ニ）保証人に破産法第 252 条第 1 項（第 10 号を除く。）に規定される免責不許可事由が生じておらず、そのおそれもないこと

(2) 保証債務の整理の手続

　このガイドラインに基づく保証債務の整理を実施する場合において、主たる債務と保証債務の一体整理を図るときは、以下のイ）の手続によるものとし、主たる債務について法的債務整理手続が申し立てられ、保証債務のみについて、その整理を行う必要性がある場合等、主たる債務と保証債務の一体整理が困難なため、保証債務のみを整理するときは、以下のロ）の手続によるものとする。

イ）主たる債務と保証債務の一体整理を図る場合

　法的債務整理手続に伴う事業毀損を防止するなどの観点や、保証債務の整理についての合理性、客観性及び対象債権者間の衡平性を確保する観点から、主たる債務の整理に当たって、準則型私的整理手続を利用する場合、保証債務の整理についても、原則として、準則型私的整理手続を利用することとし、主たる債務との一体整理を図るよう努めることとする。具体的には、準則型私的整理手続に基づき主たる債務者の弁済計画を策定する際に、保証人による弁済もその内容に含めることとする。

ロ）保証債務のみを整理する場合

　原則として、保証債務の整理に当たっては、当該整理にとって適切な準則型私的整理手続を利用することとする。

(3) 保証債務の整理を図る場合の対応

　主たる債務者、保証人及び対象債権者は、保証債務の整理に当たり以下の定めに従うものとし、対象債権者は合理的な不同意事由がない限り、当該債務整理手続の成立に向けて誠実に対応する。

資料　経営者保証に関するガイドライン

　なお、以下に記載のない内容（債務整理の開始要件、手続等）については、各準則型私的整理手続に即して対応する。

① 一時停止等の要請への対応
　以下の全ての要件を充足する場合には、対象債権者は、保証債務に関する一時停止や返済猶予（以下「一時停止等」という。）の要請に対して、誠実かつ柔軟に対応するように努める。
イ）原則として、一時停止等の要請が、主たる債務者、保証人、支援専門家が連名した書面によるものであること（ただし、全ての対象債権者の同意がある場合及び保証債務のみを整理する場合で当該保証人と支援専門家が連名した書面がある場合はこの限りでない。）
ロ）一時停止等の要請が、全ての対象債権者に対して同時に行われていること
ハ）主たる債務者及び保証人が、手続申立て前から債務の弁済等について誠実に対応し、対象債権者との間で良好な取引関係が構築されてきたと対象債権者により判断され得ること

② 経営者の経営責任の在り方
　本項（2）イの場合においては、対象債権者は、中小企業の経営者の経営責任について、法的債務整理手続の考え方との整合性に留意しつつ、結果的に私的整理に至った事実のみをもって、一律かつ形式的に経営者の交代を求めないこととする。具体的には、以下のような点を総合的に勘案し、準則型私的整理手続申立て時の経営者が引き続き経営に携わることに一定の経済合理性が認められる場合には、これを許容することとする。
イ）主たる債務者の窮境原因及び窮境原因に対する経営者の帰責性
ロ）経営者及び後継予定者の経営資質、信頼性
ハ）経営者の交代が主たる債務者の事業の再生計画等に与える影響
ニ）準則型私的整理手続における対象債権者による金融支援の内容

　なお、準則型私的整理手続申立て時の経営者が引き続き経営に携わる場合の経営責任については、上記帰責性等を踏まえた総合的な判断の中で、保証債務の全部又は一部の履行、役員報酬の減額、株主権の全部又は一部の放棄、代表者からの退任等により明確化を図ることとする。

③　保証債務の履行基準（残存資産の範囲）

　対象債権者は、保証債務の履行に当たり、保証人の手元に残すことのできる残存資産の範囲について、必要に応じ支援専門家とも連携しつつ、以下のような点を総合的に勘案して決定する。この際、保証人は、全ての対象債権者に対して、保証人の資力に関する情報を誠実に開示し、開示した情報の内容の正確性について表明保証を行うとともに、支援専門家は、対象債権者からの求めに応じて、当該表明保証の適正性についての確認を行い、対象債権者に報告することを前提とする。

　なお、対象債権者は、保証債務の履行請求額の経済合理性について、主たる債務と保証債務を一体として判断する。

イ）保証人の保証履行能力や保証債務の従前の履行状況

ロ）主たる債務が不履行に至った経緯等に対する経営者たる保証人の帰責性

ハ）経営者たる保証人の経営資質、信頼性

ニ）経営者たる保証人が主たる債務者の事業再生、事業清算に着手した時期等が事業の再生計画等に与える影響

ホ）破産手続における自由財産（破産法第34条第３項及び第４項その他の法令により破産財団に属しないとされる財産をいう。以下同じ。）の考え方や、民事執行法に定める標準的な世帯の必要生計費の考え方との整合性

　上記ニ）に関連して、経営者たる保証人による早期の事業再生等の着手の決断について、主たる債務者の事業再生の実効性の向上等に資するものとして、対象債権者としても一定の経済合理性が認められる場合には、対象債権者は、破産手続における自由財産の考え方を踏まえつつ、経営者の安定した事業継続、事業清算後の新たな事業の開始等（以下「事業継続等」という。）のため、一定期間（当該期間の判断においては、雇用保険の給付期間の考え方等を参考とする。）の生計費（当該費用の判断においては、１月当たりの標準的な世帯の必要生計費として民事執行法施行令で定める額を参考とする。）に相当する額や華美でない自宅等（ただし、主たる債務者の債務整理が再生型手続の場合には、破産手続等の清算型手続に至らなかったことによる対象債権者の回収見込額の増加額、又は主たる債務者の債務整理が清算型手続の場合には、当該手続に早期に着手したことによる、保有資産等の劣化防止に伴う回収見込額の増加額、について合理的に見積もりが可能な場合は当該回収見込額の増加額を上限とする。）を、当該経営者たる保証人（早期の事業再生等の着手の決断に寄与した経営者以外の保証人がある場合にはそれを含む。）の残存資産に含めることを検討することとする。ただし、本項（2）ロ）の場合であって、主たる債務の整理手続の終結後に保証債務の整理を開始したときにおける残存資産の範囲の決定に

218

ついては、この限りでない。

　また、主たる債務者の債務整理が再生型手続の場合で、本社、工場等、主たる債務者が実質的に事業を継続する上で最低限必要な資産が保証人の所有資産である場合は、原則として保証人が主たる債務者である法人に対して当該資産を譲渡し、当該法人の資産とすることにより、保証債務の返済原資から除外することとする。また、保証人が当該会社から譲渡の対価を得る場合には、原則として当該対価を保証債務の返済原資とした上で、上記ニ）の考え方に即して残存資産の範囲を決定するものとする。

　なお、上記のような残存資産の範囲を決定するに際しては、以下のような点に留意することとする。

a）保証人における対応

　保証人は、安定した事業継続等のために必要な一定期間の生計費に相当する額や華美でない自宅等について残存資産に含めることを希望する場合には、その必要性について、対象債権者に対して説明することとする。

b）対象債権者における対応

　対象債権者は、保証人から、a）の説明を受けた場合には、上記の考え方に即して、当該資産を残存資産に含めることについて、真摯かつ柔軟に検討することとする。

④　保証債務の弁済計画

イ）保証債務の弁済計画案は、以下の事項を含む内容を記載することを原則とする。

a）保証債務のみを整理する場合には、主たる債務と保証債務の一体整理が困難な理由及び保証債務の整理を法的債務整理手続によらず、このガイドラインで整理する理由

b）財産の状況（財産の評定は、保証人の自己申告による財産を対象として、本項（3）③に即して算定される残存資産を除いた財産を処分するものとして行う。なお、財産の評定の基準時は、保証人がこのガイドラインに基づく保証債務の整理を対象債権者に申し出た時点（保証人等による一時停止等の要請が行われた場合にあっては、一時停止等の効力が発生した時点をいう。）とする。）

c）保証債務の弁済計画（原則5年以内）

d）資産の換価・処分の方針

e）対象債権者に対して要請する保証債務の減免、期限の猶予その他の権利変更の内容

ロ）保証人が、対象債権者に対して保証債務の減免を要請する場合の弁済計画には、当該保証人が上記の財産の評定の基準時において保有する全ての資産（本項（3）③に即して算定される残存資産を除く。）を処分・換価して（処分・換価の代わりに、処分・換

価対象資産の「公正な価額」に相当する額を弁済する場合を含む。）得られた金銭をもって、担保権者その他の優先権を有する債権者に対する優先弁済の後に、全ての対象債権者（ただし、債権額20万円以上（この金額は、その変更後に対象債権者となる全ての対象債権者の同意により変更することができる。）の債権者に限る。なお、弁済計画の履行に重大な影響を及ぼす恐れのある債権者については、対象債権者に含めることができるものとする。）に対して、それぞれの債権の額の割合に応じて弁済を行い、その余の保証債務について免除を受ける内容を記載するものとする[8]。

　また、本項（2）ロ）の場合においては、準則型私的整理手続を原則として利用することとするが、保証人が、上記の要件を満たす弁済計画を策定し、合理的理由に基づき、準則型私的整理手続を利用することなく、支援専門家等の第三者の斡旋による当事者間の協議等に基づき、全ての対象債権者との間で合意に至った場合には、かかる弁済計画に基づき、本項（3）⑤の手続に即して、対象金融機関が残存する保証債務の減免・免除を行うことを妨げない。

⑤　保証債務の一部履行後に残存する保証債務の取扱い
　以下の全ての要件を充足する場合には、対象債権者は、保証人からの保証債務の一部履行後に残存する保証債務の免除要請について誠実に対応する。

イ）保証人は、全ての対象債権者に対して、保証人の資力に関する情報を誠実に開示し、開示した情報の内容の正確性について表明保証を行うこととし、支援専門家は、対象債権者からの求めに応じて、当該表明保証の適正性についての確認を行い、対象債権者に報告すること
ロ）保証人が、自らの資力を証明するために必要な資料を提出すること
ハ）本項（2）の手続に基づき決定された主たる債務及び保証債務の弁済計画が、対象債権者にとっても経済合理性が認められるものであること
ニ）保証人が開示し、その内容の正確性について表明保証を行った資力の状況が事実と異なることが判明した場合（保証人の資産の隠匿を目的とした贈与等が判明した場合を含む。）には、免除した保証債務及び免除期間分の延滞利息も付した上で、追加弁済を行うことについて、保証人と対象債権者が合意し、書面での契約を締結すること

8　「公正な価額」に相当する額を弁済する場合等であって、当該弁済を原則5年以内の分割弁済とする計画もあり得る。

資料　経営者保証に関するガイドライン

8. その他

(1) このガイドラインは、平成 26 年 2 月 1 日から適用することとする。

(2) このガイドラインに基づく保証契約の締結、保証債務の履行等を円滑に実施するため、主たる債務者、保証人、対象債権者及び行政機関等は、広く周知等が行われるよう所要の態勢整備に早急に取り組むとともに、ガイドラインの適用に先立ち、各々の準備が整い次第、このガイドラインに即した対応を開始することとする。

(3) このガイドラインは遡及的に適用されないため、保証人が本項 (1) の適用日以前に保証債務の履行として弁済したものについては、保証人に返還できない。

(4) 主たる債務者及び保証人が、このガイドラインに即して策定した弁済計画を履行できない場合は、主たる債務者、保証人及び対象債権者は、弁済計画の変更等について誠実に協議を行い、適切な措置を講じるものとする。

(5) このガイドラインによる債務整理を行った保証人について、対象債権者は、当該保証人が債務整理を行った事実その他の債務整理に関連する情報（代位弁済に関する情報を含む。）を、信用情報登録機関に報告、登録しないこととする。

著者略歴

＜編著者＞

小田 大輔（弁護士　森・濱田松本法律事務所）

　京都大学法学部卒業。2000 年弁護士登録、2005 年金融庁監督局総務課課長補佐、2006 年同法令等遵守調査室（兼務）。取扱分野：コーポレートガバナンス、コンプライアンス、訴訟・紛争解決、危機管理等。

山崎 良太（弁護士　森・濱田松本法律事務所）

　東京大学法学部卒業。2000 年弁護士登録。取扱分野：事業再生・倒産、コーポレートガバナンス、コンプライアンス、訴訟・紛争解決等。

＜執筆者＞

松井裕介（弁護士　森・濱田松本法律事務所）

　東京大学法学部、東京大学法科大学院。2007 年弁護士登録。取扱分野：事業再生・倒産、訴訟・紛争解決等。

浅井大輔（弁護士　森・濱田松本法律事務所）

　東京大学法学部、東京大学法科大学院、Cornell Law School。2008 年弁護士登録。取扱分野：事業再生・倒産、訴訟・紛争解決、M&A 等。

田尻佳菜子（弁護士　森・濱田松本法律事務所）

　早稲田大学政治経済学部政治学科、東京大学法科大学院。2008 年弁護士登録。取扱分野：事業再生・倒産、訴訟・紛争解決等。

吉田 和央（弁護士　森・濱田松本法律事務所）

　東京大学法学部、東京大学法科大学院。2008 年弁護士登録、2012 年金融庁監督局保険課課長補佐、同法令等遵守調査室（兼務）。取扱分野：金融規制、訴訟・紛争解決等。

木山 二郎（弁護士　森・濱田松本法律事務所）

　京都大学法学部、京都大学法科大学院。2009 年弁護士登録。取扱分野：事業再生・倒産、訴訟・紛争解決等。

篠原 孝典（弁護士　森・濱田松本法律事務所）

　東京大学法学部、大宮法科大学院大学。2009 年弁護士登録、2011 年金融庁総務企画局企画課調査室専門官。取扱分野：金融規制、訴訟・紛争解決等。

白根　央（弁護士　森・濱田松本法律事務所）

　東京大学法学部、東京大学法科大学院。2010 年弁護士登録、2018 年金融庁監督局銀行第一課課長補佐。取扱分野：金融規制、訴訟・紛争解決等。

石田　渉（弁護士）

　東京大学法学部、東京大学法科大学院。2011 年弁護士登録。取扱分野：事業再生・倒産、訴訟・紛争解決等。

坂東 直朗（弁護士）

　東京大学法学部、東京大学法科大学院。2011 年弁護士登録。取扱分野：訴訟・紛争解決、会社法務等。

長谷修太郎（弁護士　弁護士法人森・濱田松本法律事務所福岡オフィス）

　東京大学法学部、東京大学法科大学院。2012 年弁護士登録。取扱分野：事業再生・倒産、訴訟・紛争解決等。

吉田瑞穂（弁護士　森・濱田松本法律事務所）

　京都大学法学部、京都大学法科大学院。2013 年弁護士登録。取扱分野：コーポレート・ガバナンス、訴訟・紛争解決等。

経営者保証ガイドライン実践活用Q&A
～担保・保証に依存しない融資はこう進める～〈検印省略〉

2018年8月20日　初版発行
1刷　2018年8月20日

編 著 者	小　田　大　輔
	山　崎　良　太
発 行 者	星　野　広　友
発 行 所	株式会社 銀行研修社

東京都豊島区北大塚3丁目10番5号
電話　東京03(3949)4101　(代表)
振替　00120-4-8604番
郵便番号　〒170-8640

印刷／株式会社木元省美堂
製本／常川製本
落丁・乱丁本はおとりかえ致します。ISBN978-4-7657-4587-1　C2033
2018 ©小田大輔／山崎良太 Printed in Japan　無断複写複製を禁じます。
★　定価はカバーに表示してあります。

> 謹告　本書掲載記事の全部または一部の複写、複製、
> 転記載および磁気または光記録媒体への入力等は法律
> で禁じられています。これらの許諾については弊社・
> 秘書室（TEL03-3949-4150直通）までご照会下さい。